L. RONALD HUBBARD

"Me gusta ayudar a otros y mi mayor placer en la vida es ver a una persona liberarse de las sombras que obscurecen sus días.

"Estas sombras le parecen tan densas, y le pesan tanto, que cuando encuentra que son sombras, y que puede ver y caminar a través de ellas y estar de nuevo al sol, se siente enormemente dichosa. Y me temo que yo me siento tan dichoso como ella".

Un sencillo libro de autoayuda de tests y técnicas basados en los descubrimientos de Dianética

L. RONALD HUBBARD

Bridge Publications, Inc.

Publicado por
Bridge Publications, Inc.
4751 Fountain Avenue
Los Angeles, California 90029

Editores para libros y material de DIANÉTICA®

Traducido al Español para
Bridge Publications, Inc.

ISBN 0-88404-987-6

Título original
Self-Analysis

Este libro forma parte de las obras de L. Ronald Hubbard, quien desarrolló la tecnología de curación espiritual *Dianética.* Se presenta al lector como un registro de observaciones e investigación en la naturaleza de la mente y el espíritu humano, y no como una exposición de pretensiones hechas por el autor. Los beneficios y metas de Dianética únicamente pueden alcanzarse mediante los esfuerzos dedicados del lector.

Dianética, tecnología de curación espiritual, es el estudio y tratamiento del espíritu en relación al cuerpo.

Impreso en Estados Unidos

A los cientos de
miles de partidarios entusiastas
de Dianética[1] *que han llevado el*
pendón[2] *de la cordura frente a*
las ciudadelas[3] *ruinosas de la*
superstición y que han unido
a su estandarte las esperanzas
del hombre.

1. Dianética: proviene de las palabras griegas *dia*, que significa "a través" y *nous*, que significa "alma". Dianética es una metodología desarrollada por L. Ronald Hubbard, que puede ayudar a aliviar males tales como sensaciones y emociones no deseadas, miedos irracionales y enfermedades psicosomáticas. Se describe con más exactitud como *lo que el alma hace al cuerpo a través de la mente.*

2. pendón: estandarte. (Estandarte: insignia, bandera.)

3. ciudadela: recinto fortificado en el interior de una ciudad.

Contenido

1. escala tonal: una escala que mide el nivel emocional de una persona desde apatía hasta entusiasmo y su potencialidad de supervivencia.

2. procesamiento: el principio de hacer que el individuo contemple su existencia y mejore su capacidad de encarar lo que es y dónde está.

3. valencia: por valencia se entiende una personalidad real o aparente. La valencia propia es la personalidad real.

Nota importante

Al leer este libro, estate muy seguro de que nunca te pasas una palabra que no comprendes completamente.

El único motivo de que una persona abandone un estudio o se vuelva confusa o incapaz de aprender, es porque se ha pasado una palabra que no fue comprendida.

La confusión o incapacidad para entender o aprender viene DESPUES de una palabra que la persona no ha definido y comprendido.

¿Alguna vez has tenido la experiencia de llegar al final de una página y darte cuenta de que no sabías lo que habías leído? Bien; en algún punto anterior, en esa página, te pasaste una palabra para la cual no tenías definición o tenías una definición incorrecta.

Aquí hay un ejemplo: Se encontró que al llegar el crepúsculo, los niños estaban más tranquilos; y que en ausencia de éste, estaban mucho más animados". Mira lo que sucede. Piensas que no comprendes la idea general, pero la incapacidad para comprender vino totalmente de la única palabra que no pudiste definir, *crepúsculo*, que significa ocaso o anochecer.

Puede que no sean únicamente las palabras nuevas y poco usuales las que tendrás que buscar. Algunas palabras usadas frecuentemente pueden estar a menudo mal definidas y, así, causar confusión.

Este dato acerca de no pasarse una palabra no definida es el hecho más importante en todo el tema del estudio. Todos los temas que hayas emprendido y abandonado tienen sus propias palabras que no lograste definir.

Por lo tanto, al estudiar este libro asegúrate muy, muy bien de que nunca te pasas una palabra que no comprendes completamente. Si la materia se vuelve confusa o no te parece poder comprenderla, habrá una palabra justo antes que no has comprendido. No sigas adelante, sino regresa a ANTES de donde te viste en dificultades, encuentra la palabra malentendida y defínela.

Notas al pie de página y glosario

Se ha empleado el siguiente sistema de glosario y notas al pie de página para facilitar al lector que defina palabras según avanza, e impedir así en gran medida los efectos de las palabras malentendidas que de otro modo podrían tener lugar.

Las palabras del texto más difíciles, inusuales o técnicas están definidas con notas al pie de página la *primera* vez que aparecen.

En el glosario aparece una lista de los diccionarios usados para las definiciones di las palabras.

Las palabras con notas al pie de página en el texto y sus definiciones se han reunido para formar el glosario del final del libro. También está señalado el número de la página en la que aparece la palabra por primera vez.

Las palabras con notas al pie de página tienen un número que corresponde al de la nota.

Las palabras de Dianética con notas al pie de página tienen las definiciones que desarrolló el autor en sus investigaciones.

Palabras nuevas

En la investigación que dio como resultado Dianética se tropezó con muchos fenómenos que resultaron, por vez primera, en una ciencia de la mente y de la vida predecible y funcional. Tuvieron que desarrollarse nuevas palabras pare explicar estos nuevos fenómenos e impedir la confusión entre Dianética y las antiguas e impracticables escuelas de la mente. Tener que aprender estas palabras nuevas es un bajo precio que hay que pagar, ya que abre todo un nuevo horizonte de automejoramiento para la humanidad.

Los editores

No prestes demasiada atención al que diga que este sistema no funciona. No se sentiría seguro si la gente que le rodea se hiciera demasiado fuerte. El hombre sabio prueba antes de hablar. El crítico sólo sigue el capricho de una era cínica y apática. Tienes derecho a tu propia opinión. Este sistema funciona o no funciona de acuerdo a tu experiencia. Todas las autoridades de la cristiandad no pueden alterar la ley natural.

Introducción

El *autoanálisis* no puede revivir a los muertos.

El *autoanálisis* no vaciará los manicomios ni detendrá la guerra. Estas son tareas del auditor[1] de Dianética y del técnico de Dianética de grupo.

Pero el *autoanálisis* te guiará por la aventura más interesante de tu vida. La aventura de *ti*.

¿Cuán eficiente eres? ¿Cuáles son tus potencialidades? ¿Cuánto puedes mejorar? Básicamente tus intenciones hacia ti mismo y hacia tus semejantes son *buenas*. Básicamente, aunque a veces empañadas con la sombra no muy tenue de las experiencias desagradables, tus potencialidades son mucho mejores de lo que nadie te haya permitido creer jamás.

Considera tu memoria, una pequeña parte del total de tus bienes. ¿Es perfecta? ¿Puedes recordar a voluntad todo lo que hayas aprendido o escuchado, cada número de teléfono, cada nombre? Si no puedes hacerlo, te darás cuenta entonces de que la mejora es posible. Alguien pensará, habiendo echado un rápido vistazo al título de este libro, que el *autoanálisis* sólo mejora la memoria. Es como decir que todo lo que puede hacer un tren es cumplir los horarios. Hace mucho más que eso. Pero la memoria es el comienzo. Si tu memoria fuera tan exacta como un sistema de tarjetas perforadas IBM[2], y aún más rápida, entonces serías más eficiente y estarías más a gusto y sin duda no habrías de anotar las cosas que tienes que anotar. Sí, probablemente no tengas una memoria *demasiado* buena para lo que has estudiado y para lo que necesitas.

Pero hay muchas cosas tan importantes como la memoria. Existe el tiempo de reacción. La mayoría de la gente reacciona demasiado lentamente ante las emergencias. Digamos que te lleva medio segundo retirar la mano de una estufa caliente. Esto significa tener tu mano en esa estufa demasiado tiempo.

O digamos que te lleva un tercio de segundo ver que el automóvil que va delante se detiene, y empezar a frenar. Es demasiado tiempo. Ocurren muchos accidentes debido a un tiempo de reacción lento.

1. auditor: la persona que administra los procedimientos de Dianética. Auditar significa "escuchar" y también "calcular".

2. tarjeta perforada IBM: un tipo de tarjeta de cartulina en la que se puede registrar información mediante perforaciones y que puede leerla una computadora.

En el caso de un atleta, el tiempo de reacción es un índice directo de lo capaz que puede ser en un deporte. Así, la capacidad de reaccionar rápidamente le ayuda a uno en muchas formas.

El *autoanálisis* acelera el tiempo de reacción. He aquí un truco. Toma un billete sin doblar. Haz que alguien lo sostenga verticalmente por encima de tu mano. Abre tus dedos pulgar e índice exactamente debajo del margen inferior del billete. Ahora haz que tu amigo suelte el billete. Trata de agarrar el billete entre tus dedos pulgar e índice. ¿Se te escapó y juntaste los dedos después de que el billete había pasado completamente entre ellos? Esta es una reacción demasiado lenta. ¿Lo agarraste por el margen superior cuando ya casi había pasado? Esa es una reacción demasiado lenta. ¿Lo agarraste por la mitad? Eso está regular. ¿O lo agarraste por el margen inferior, incluso antes de que realmente empezara a caer? Así es como debe ser. Menos accidentes, mayor estado de alerta en general. Excepto en los casos en que haya verdadera lesión física en la mano o el brazo, el *autoanálisis* te hará hacer esto más rápidamente.

¿Tienes dificultad para dormirte o para levantarte? ¿Te sientes un poco cansado casi todo el tiempo? Eso se puede remediar.

En cuanto a las llamadas enfermedades psicosomáticas[3], es decir sinusitis[4], alergias, algunos problemas cardíacos, molestias y dolores "raros", mala vista, artritis[5], etc., etc., etc., hasta el setenta por ciento de las enfermedades del hombre, el *autoanálisis* habría de ayudar notablemente.

Luego está el asunto del aspecto juvenil o senil que puedas tener. El *autoanálisis* puede cambiar esto bastante.

Y está el asunto de la habilidad simple y sencilla de ser feliz en la vida y disfrutar de las cosas, y ahí es donde el *autoanálisis* brilla con esplendor, porque normalmente puede subir tu tono[6] tan rápidamente que incluso estarás de acuerdo en que las cosas puedan estar bien.

Es como mi héroe de la infancia, el pintor Charles Russell[7], describió una vez cierta poción: "Haría que una liebre le escupiera en un ojo a un lobo". Quizá el *autoanálisis* no tiene siempre este efecto, pero sucede con suficiente frecuencia como para que sea normal. Lo cierto es que quien lo usa pasa con frecuencia por un período así, causando

3. enfermedades psicosomáticas: enfermedades que tienen origen mental y que sin embargo son orgánicas.

4. sinusitis: inflamación de los senos del cráneo. (Seno: cavidad existente en el espesor de un hueso o formada por la reunión de varios huesos.)

5. artritis: inflamación de las articulaciones.

6. tono: potencialidad de supervivencia.

7. Russell, Charles M.: (1864-1926) artista, escritor y ganadero, famoso por sus pinturas e historias de la vida del ganadero norteamericano.

temor en sus amigos. El *autoanálisis* sí tiene un efecto como el que dice la canción:

"Puedo vencer a ese tipo, puedo besar a esa chica,
puedo montar ese caballo salvaje y hacerlo girar... ".

La conclusión y precaución es: "No elijas un lobo demasiado grande". Al menos no lo hagas hasta haberlo usado durante un tiempo, y haber logrado que las cosas vuelvan a tener su proporción.

En pocas palabras, esto es una aventura. ¿Como de bueno puedes llegar a ser?

Mucho de ello depende de lo bueno que seas potencialmente, pero puedes estar seguro de que eso es muchísimo más de lo que jamás hayas supuesto. Y seguro que es mucho mejor de lo que tus amigos te podrían llegar a decir.

Por favor, no te desanimes si te encuentras bastante abajo en la tabla de autoevaluación que hay más adelante. No está todo perdido. La sección de procesamiento[8] puede hacerte subir a buena velocidad si continúas con ello.

Y no te sorprendas si de repente empiezas a sentirte incómodo mientras estás trabajando en la sección de procesamiento. Puedes esperar que suceda de vez en cuando. Simplemente continúa. Y si te sientes demasiado molesto, simplemente ve a la última sección (página 231) y responde esas preguntas unas cuantas veces y empezarás a sentirte mejor muy pronto.

Todo lo que estoy tratando de decir es esto: las aventuras son aburridas si no surge inesperadamente un poco de emoción. Y puedes esperar emociones, demasiadas en algunas partes.

Cuando finalmente termines, vas a saber mucho sobre ti.

Todo esto es responsabilidad tuya. Cualquier cosa tan poderosa como estos procesos puede ocasionalmente causar estallidos[9]. Si eres bastante estable mentalmente no hay verdadero peligro. Pero no te engañaré. Alguien podría enfurecerse simplemente leyendo este libro. Si ves que alguien que no es tan estable como cree está trabajando con *Autoanálisis*, persuádelo para que lo deje. Si apenas puede soportar el consomé de pollo mental, no tiene derecho a cenar carne cruda. Mándalo a que vea a un auditor de Dianética. Y aunque esté en estado de confusión mental, un auditor de Dianética lo puede arreglar. Limítate a hacer venir un auditor.

8. procesamiento: el principio de hacer que el individuo contemple su existencia y mejore su capacidad de encarar lo que es y dónde está.

9. estallido: acción y efecto de estallar. (Estallar: sentir y manifestar violentamente una pasión del ánimo.)

No te desilusiones por el hecho de que *Autoanálisis* pueda poner en confusión a los inestables.

Aquí nos estamos ocupando del material básico de por qué el hombre enloquece. Si no está explicado en el texto, se encontrará en una obra normal sobre Dianética. Aun así, es dudoso que *Autoanálisis* pueda crear tanta locura en un año como un impreso de impuestos sobre la renta de nuestro concienzudo, aunque algo estúpido, gobierno.

Ahora entremos en detalles. Encontrarás los tests en la página 53. Puedes hacer el primero. Te dará una cifra que te situará en la tabla. No me culpes si la calificación es baja. Culpa a tus padres o al tutor escolar.

Después, probablemente te interesará leer el texto. Es posible que te dé un punto de vista diferente sobre las cosas. Lo siento si es demasiado sencillo para el sabio, o demasiado complejo, o lo que sea. Simplemente es un intento por escribir unos cuantos conceptos sobre la mente, basados en muchos textos técnicos de Dianética, pero presentados en forma más agradable. El procesamiento te irá mejor si lees el texto.

La sección de procesamiento tiene un gran número de partes. Puedes hacerlas todas de una vez o repasar una y otra vez cada una de ellas hasta que sientas que has explorado suficientemente esa parte de tu vida. De cualquier forma, repasarás cada sección muchas veces.

Para ayudarte hay un disco con dos caras al final del libro. Las instrucciones están en él.

Así que estás preparado para explorar tu propia vida. Esta es una aventura interesante para cualquiera. He hecho todo lo que he podido para hacértela más fácil. Sin embargo, no te molestes conmigo si encallas en algún río perdido hace mucho tiempo y te devoran los caníbales o los engramas[10]. La última sección te ayudará a salir de ahí, o lo que quede de ti.

Sin embargo no te acobardes ni aflojes cuando el avance sea difícil. Es fácil desistir. Y entonces nunca sabrás lo que eres básicamente.

¿Vas a hacer todo el viaje? Eres una persona valiente. Te felicito.

¡Que nunca vuelvas a ser el mismo!

10. engrama: imagen mental que es un registro de un momento de dolor físico e inconsciencia. Por definición debe tener impacto o lesión como parte de su contenido.

CAPITULO UNO

Sobre llegar a conocerse a uno mismo

¿Eres tu propio amigo?

Probablemente, el amigo más olvidado que tienes seas tú mismo. Y sin embargo, para que cada hombre pueda ser un verdadero amigo del mundo, debe ser primero amigo de sí mismo.

En esta sociedad en la que florece la aberración[1] en ciudades llenas de gente y de centros comerciales, pocos son los hombres que no han sido sometidos, por todos lados, a alguna campaña para convencerlos de que son mucho menos de lo que piensan que son.

Lucharías contra cualquiera que dijera de tus amigos lo que se sugiere de ti. Es hora de que pelees por el mejor amigo que jamás llegarás a tener: tú mismo.

El primer paso para establecer esta amistad es adquirir un conocimiento de lo que eres y lo que podrías llegar a ser. "¡Conócete a ti mismo!", decían los antiguos griegos. Hasta hace poco no era posible conocerse ampliamente. Poco se sabía del comportamiento humano como ciencia. Pero la física atómica[2], al revelarle al hombre nuevos conocimientos, también ha revelado las características generales de la energía de la vida, y mediante eso se pueden saber una gran cantidad de cosas que antes ni siquiera se sospechaban. No necesitas saber física atómica para conocerte a ti mismo, pero sí necesitas saber algo de la evidente meta de la vida[3] en general y de tus propias metas en particular.

En un capítulo posterior, hay algunas preguntas a las que puedes responder, las cuales te darán una mejor visión de tus capacidades, tal como están, y de lo que pueden llegar a ser; y no te dejes engañar, porque pueden llegar a ser mucho mayores de lo que jamás hayas sospechado.

Por el momento, hablemos sobre la meta general de toda vida. Conociendo eso, podemos saber algo sobre las leyes básicas que motivan tus propios impulsos y comportamiento.

1. aberración: apartarse del pensamiento o conducta racional.

2. física atómica: (también llamada física nuclear) la rama de la física que trata sobre el comportamiento, estructura y componentes del núcleo atómico. (Núcleo: la masa con carga positiva que se encuentra en el interior del átomo, que se compone de neutrones y protones, y que posee la mayor parte de la masa, pero ocupa sólo una pequeña fracción del volumen del átomo.)

3. meta de la vida: se puede considerar que la meta de la vida es la supervivencia infinita. Se puede demostrar que el hombre, como forma de vida, obedece en todas sus acciones y propósitos a la orden única: **"¡Sobrevive!"**.

Todos los problemas son básicamente simples, una vez que se conoce la respuesta fundamental. Y ésta no es ninguna excepción en la vida. Durante miles de años, los hombres lucharon por descubrir los impulsos fundamentales de la existencia. Y en una época culta en que la exploración de los universos había ya descubierto suficientes secretos para darnos bombas atómicas, fue posible explorar y encontrar la ley fundamental de la vida. ¿Qué harías si tuvieras esta ley fundamental? Podrías, entonces, comprender fácilmente todos los rompecabezas, enigmas y complejidades de la personalidad y del comportamiento. Podrías comprender a los hechiceros y a los presidentes de banco, a los coroneles y a los peones chinos, a los reyes, mujerzuelas y estibadores de carbón. Y, más importante todavía, podrías predecir fácilmente lo que ellos harían en cualquier circunstancia, y sabrías qué esperar de cualquier persona, sin conjeturas; de hecho, con una seguridad diabólicamente exacta.

"En el principio fue la Palabra"; pero, ¿cuál era la Palabra? ¿Qué principio fundamental esquematizaba esa palabra? ¿Qué comprensión tendría uno si la supiera?

Un antiguo rey persa hizo una vez un gran esfuerzo por conocer esa Palabra. Trató de descubrirla haciendo que sus sabios resumieran todo el conocimiento del mundo.

Ordenó que todo libro escrito que pudiera ser obtenido se reuniera en una enorme biblioteca. Se llevaron libros a esa antigua ciudad en caravanas. Y los sabios de aquel tiempo trabajaron durante años condensando cada parte del conocimiento disponible para formar un solo tomo.

Pero el rey quería tener una mejor expresión de la palabra fundamental, e hizo que sus sabios redujeran ese tomo a una sola página. Y les hizo reducir esto de nuevo a una oración. Y luego, tras muchos más años de estudio, sus filósofos finalmente obtuvieron esa única palabra; la fórmula que resolvería todos los enigmas.

Y la ciudad murió en la guerra y la palabra se perdió.

Pero ¿cuál era? Ciertamente, su valor excedía las riquezas de Persia, ya que haría posible la comprensión del hombre. Dos mil años más tarde, tras los estudios de los fenómenos atómicos y moleculares, podemos suponer de nuevo cuál era esa Palabra, y usarla. Usarla para conocernos a nosotros mismos. Y para predecir las acciones de otros hombres.

CAPITULO DOS

Sobre las leyes de la supervivencia y la abundancia

El principio dinámico[1] de la existencia es: **¡supervivencia!**

A primera vista, eso puede parecer demasiado básico. Puede parecer demasiado simple. Pero cuando examinamos esta palabra, encontramos algunas cosas sobre ella que nos permiten hacer trucos con ella. Y nos permite saber cosas que nunca antes fueron conocidas.

El conocimiento podría ser representado mediante una pirámide. En el vértice, tendríamos un hecho simple, pero que abarcara al universo tan ampliamente que, a partir de él, podrían saberse muchos hechos. Partiendo de este punto, podríamos concebir descender hacia números cada vez mayores de hechos, representados por el ensanchamiento de la pirámide.

En cualquier punto que examináramos de esta pirámide, veríamos que, según descendemos, encontraríamos hechos con significados más amplios y menos relacionados. Según fuéramos ascendiendo por la pirámide, iríamos encontrando simplicidades cada vez mayores. La ciencia es el proceso de partir desde abajo de la pirámide, como lo hizo el rey persa, e ir ascendiendo en un esfuerzo por descubrir hechos más básicos que expliquen hechos posteriores. Podría decirse que la filosofía es la operación de tomar hechos muy básicos y luego llevarlos a explicar un número creciente de hechos.

En el vértice de nuestra pirámide, tenemos **¡supervivencia!**

Es como si, hace muchísimo tiempo, el Ser Supremo hubiera dado una orden a todo lo que es vida: "¡Sobrevive!". No se dijo cómo había que sobrevivir, ni tampoco cuánto había que sobrevivir. Todo lo que se dijo fue: "¡Sobrevive!". Lo contrario de sobrevivir es "sucumbir"[2]. Y ése es el castigo por no ocuparse de actividades de supervivencia.

Pero, ¿qué sucede con cosas como los principios morales, los ideales y el amor? ¿No están esas cosas por encima de la "mera supervivencia"? Desafortunada o afortunadamente, no es así.

Cuando uno piensa en la supervivencia, tiende a cometer el error de pensar en términos de "necesidad más elemental". Eso no es supervivencia porque no deja margen para la pérdida.

Cuando el ingeniero construye un puente, emplea algo que se llama "factor o margen de seguridad". Si un puente ha de sostener diez

1. dinámico: que se relaciona con la energía o con la fuerza física en movimiento.

2. sucumbir: el punto que señala lo que se podría llamar la muerte de la consciencia del individuo.

toneladas, el ingeniero lo construye para sostener cincuenta toneladas. Hace que el puente sea cinco veces más fuerte. De esa forma, tiene un margen para el deterioro del material, para la sobrecarga, para las tensiones repentinas e imprevistas por parte de los elementos y para cualquier accidente que pueda ocurrir.

En la vida, la única garantía real de supervivencia es la *abundancia*. Un granjero que calcula que necesita doce cargas de grano para alimentarse un año, y siembra para tener doce cargas, ha restringido muy marcadamente su oportunidad de sobrevivir. El hecho es que no sobrevivirá, a menos que algún vecino suyo haya sido más prudente. Porque la langosta se llevará parte del trigo. Y la sequía se llevará algo. Y el granizo se llevará algo. Y el recaudador de impuestos se llevará algo. ¿Y de dónde sacará para semilla, si tiene la intención de comerse todo lo que siembra?

No; el granjero que sabe que se tiene que comer doce cargas de trigo el año siguiente, lo mejor que puede hacer es sembrar para cien. Entonces la langosta y la gente del fisco pueden llevarse todo lo que quieran. El granjero, de todas maneras, podrá cosechar lo suficiente para alimentarse, excepto, claro está, en un socialismo[3] en el que nadie sobrevive, al menos por mucho tiempo.

Un individuo sobrevive o sucumbe en proporción a su capacidad de adquirir y conservar lo que necesita para sobrevivir. La seguridad de un buen empleo, por ejemplo, significa cierta garantía de supervivencia, siempre y cuando otras amenazas contra la existencia no lleguen a ser demasiado grandes. El hombre que gana veinte mil dólares al año puede permitirse mejor ropa contra las inclemencias del tiempo, un hogar mejor y más sano, cuidado médico para él y su familia, buenos medios de transporte y, cosa importante, el respeto de sus congéneres. Todas estas cosas son supervivencia.

Por supuesto que el hombre que gana veinte mil dólares al año, puede tener un trabajo tan agobiante, puede suscitar tanta envidia en sus congéneres y puede verse tan acosado, que pierda algo de su potencialidad de supervivencia. Pero aun un individuo subversivo[4] cambiará su punto de vista político si se le ofrecen veinte mil dólares al año.

Tomemos al hombre que gana diez dólares por semana. Usa ropa que lo protege muy poco. Por lo tanto, fácilmente se puede enfermar. Vive en un lugar que malamente lo defiende del clima. Está demacrado por la preocupación, pues su nivel de supervivencia es tan bajo que no

3. socialismo: ideología que requiere que el gobierno o el estado posea o controle todos los medios de producción y de distribución. No hay empresa privada.

4. subversivo: capaz de subvertir o que tiende a ello. (Subvertir: transtornar, revolver, destruir.)

tiene margen ni abundancia. No puede ahorrar nada para el día que enferme, y no puede pagar un médico, y no puede tomar vacaciones. Aun en un estado colectivista[5] sería tal su suerte, estando sujeto a un control tan estricto, que poco podría hacer para proteger su supervivencia.

La juventud tiene una abundancia de supervivencia mayor que la vejez. Porque la juventud todavía tiene resistencia. Y los sueños de la juventud (buen material de supervivencia, los sueños) todavía no están rotos por los fracasos. Además, la juventud espera vivir mucho; y eso es importante, porque la supervivencia incluye extensión de tiempo para vivir.

En cuanto a los ideales, en cuanto a la honestidad, en cuanto al amor que uno tiene por su prójimo, no se puede encontrar buena supervivencia para uno o para muchos si estas cosas están ausentes. El criminal no sobrevive bien. El criminal medio se pasa la mayor parte de su madurez enjaulado como una bestia salvaje, y custodiado por los rifles de buenos tiradores para que no huya. Un hombre que se sabe que es honesto recibe el premio de la supervivencia: buenos trabajos, buenos amigos. Y el hombre que tiene ideales, no importa cuán concienzudamente los esbirros[6] del diablo puedan engatusarle para que los abandone, sobrevive bien únicamente mientras sea fiel a esos ideales. ¿Habéis oído hablar alguna vez de un médico que, por las ganancias que esto representa, secretamente empieza a atender a criminales o empieza a traficar con drogas? Ese médico no sobrevive mucho después de haber dejado a un lado sus ideales.

En pocas palabras, en esta comprensión de la supervivencia entran los conceptos más esotéricos[7]. Uno sobrevive mientras sea fiel a sí mismo, a su familia, a sus amigos, a las leyes del universo. Cuando falla en cualquier forma, su supervivencia se ve disminuida.

Sin embargo, el fin de la supervivencia no es una cosa tan estric- tamente delimitada. La supervivencia no es asunto de estar vivo en momento y muerto al siguiente. La supervivencia es, en real escala graduada.

5. estado colectivista: estado organizado de acu vismo: principio político que apoya el control ce cialmente de todos los medios de producción.)

6. esbirro: alguacil. El que tiene por oficio prender órdenes de las autoridades.

7. esotérico: se dice de lo que no es conocido más que po

CAPITULO TRES

Sobre la muerte de la consciencia

¿En qué punto deja uno de sobrevivir y comienza a sucumbir? El punto de delimitación no es la muerte, como nosotros la conocemos. El punto está marcado por lo que podría llamarse la muerte de la consciencia del individuo.

El arma más potente del hombre es su razón[1]. Faltándole los dientes, la coraza, las garras de tantas otras formas de vida, el hombre se ha servido de su capacidad de razonar para reforzar su supervivencia.

La selección de la capacidad de pensar, como arma principal, es afortunada. Ha premiado al hombre con el reino de la Tierra. La razón es un arma excelente. El animal con sus dientes, con su coraza, con sus largas garras, está dotado de armas que no puede alterar. No puede ajustarse a un entorno cambiante. Y para sobrevivir es terriblemente importante cambiar cuando cambia el entorno. Cada una de las especies extintas se extinguió debido a que no pudo cambiar para controlar un nuevo entorno. La razón remedia esta pérdida en forma notable, pues el hombre puede inventar nuevas herramientas y nuevas armas y todo un entorno nuevo. La razón le permite cambiar para ajustarse a nuevas situaciones. La razón lo mantiene en control de nuevos entornos.

Cualquier animal que simplemente se ajuste para ponerse al nivel de su entorno está condenado. Los entornos cambian rápidamente. Los animales que controlan y cambian el entorno tienen la mejor oportunidad de sobrevivir.

La única forma en que se puede organizar un estado colectivista es convenciendo a los hombres de que deben ajustarse y adaptarse, como los animales, a un entorno constante. Se tiene que privar al pueblo del derecho a controlar, como individuos, su entorno. Entonces se les puede regir y agrupar en manadas. Acaban poseídos, no poseedores. Se les debe quitar la razón y el derecho de razonar, porque el centro mismo de la razón es el derecho de formarse su propia opinión sobre su entorno.

Los elementos luchan contra el hombre y el hombre lucha contra el hombre. El blanco principal para los enemigos del hombre o de un hombre es su derecho y su capacidad para razonar. Las fuerzas toscas y torpes de los elementos, las tormentas, el frío y la noche, se lanzan

1. razón: facultad de discurrir.

contra la razón y contra el cuerpo, los amenazan y quizá después los aplasten.

Pero al igual que la inconsciencia[2] siempre precede a la muerte, aun por instantes, así precede la muerte de la razón a la muerte del organismo. Y esta acción puede suceder en un lapso largo, incluso la mitad de una vida, o aun más.

¿Has observado el elevado nivel de vivacidad de un hombre joven que se enfrenta a las fuerzas que se oponen a la vida? ¿Y has observado a otro que ya sea anciano? Verás que la capacidad de razonar es lo que ha sufrido. Le ha sido costoso adquirir su experiencia; y con esta experiencia trata de abrise camino, desde su madurez. Es evidente, que la juventud piensa rápido basándose en poca experiencia y que el hombre maduro piensa lentamente, basándose en mucha. La razón de la juventud está muy lejos de estar siempre en lo cierto, porque la juventud está tratando de razonar sin datos adecuados.

Supongamos que tuviéramos a un hombre que hubiera conservado toda su capacidad de razonar y que sin embargo tuviera gran cantidad de experiencia. Supongamos que nuestros ancianos pudieran pensar con todo el entusiasmo y vitalidad de la juventud y a la vez tuvieran toda su experiencia. La vejez le dice a la juventud: "¡Tú no tienes experiencia!". La juventud le dice a la vejez: "¡Tú no tienes perspectiva; no quieres aceptar, ni siquiera examinar, ideas nuevas!". Obviamente, un arreglo ideal sería que uno tuviera la experiencia de la edad y la vitalidad y la perspectiva de la juventud.

Puedes haberte dicho: "Con toda la experiencia que tengo ahora, qué no daría yo por algo del entusiasmo que una vez tuve". O quizás has justificado todo diciendo que has "perdido tus ilusiones[3]". Pero no estés seguro de que fueran ilusiones. ¿Es que acaso son ilusiones el esplendor de la vida, el rápido entusiasmo, el deseo y la voluntad de vivir, la fe en el destino? ¿Son todas estas cosas ilusiones? ¿O son síntomas[4] del material mismo del que está hecha la vida? Y su declinación, ¿no es un síntoma de muerte?

El conocimiento no destruye la voluntad de vivir. El dolor y la pérdida de autodeterminación[5] sí la destruyen. La vida puede ser dolorosa. Adquirir experiencia frecuentemente es doloroso. Retener esa experiencia es esencial. ¿Pero no seguiría siendo experiencia aunque no tuviera dolor?

2. inconsciencia: una condición en la que el organismo pierde la coordinación solamente de su proceso analítico y de la dirección del control motor.

3. ilusión: cualquier idea o concepto de espacio, energía, objeto o tiempo que uno mismo crea.

4. síntoma: fenómeno revelador de una enfermedad. Indicio de una cosa que está sucediendo o va a suceder.

5. autodeterminación: capacidad de autodirigirse.

Supón que puedes borrar de tu vida todo el dolor, físico o de otro tipo, que has acumulado. ¿Sería tan terrible tener que despedirse de un corazón destrozado o de una enfermedad psicosomática, de los miedos y las ansiedades y los temores?

Supongamos que un hombre tuviera de nuevo la oportunidad, con todo lo que sabe, de mirar nuevamente cara a cara a la vida y al universo, y decir que podría vencerlo todo. ¿Recuerdas un día, cuando eras más joven, y despertaste para encontrar el rocío brillando sobre el césped y las hojas, y el dorado sol brillando sobre un mundo feliz? ¿Recuerdas lo bello y lo estupendo que fue el mundo alguna vez? ¿El primer beso de amor? ¿El calor de una amistad leal? ¿La intimidad de un paseo bajo la luna? ¿Qué hizo que dejara de ser un mundo prometedor?

La consciencia del mundo que nos rodea no es una cosa absoluta. Uno puede estar más consciente del color, la brillantez y la alegría en una época de la vida que en otra. Uno puede sentir más fácilmente la prometedora realidad de las cosas en la juventud que en la vejez. ¿Y no es esto algo como una declinación de la consciencia, de estar alerta?

¿Qué es lo que hace que uno esté menos consciente del esplendor del mundo que le rodea? ¿Ha cambiado el mundo? No, porque cada nueva generación ve el encanto y la gloria, la vitalidad de la vida; la misma vida que a la vejez, como mucho, le puede parecer opaca. El individuo cambia. ¿Y qué lo hace cambiar? ¿Es una decadencia de sus glándulas[6] y tendones[7]? Es improbable, porque todo el trabajo que se ha hecho sobre glándulas y tendones (la estructura del cuerpo), ha restaurado poco del esplendor de la vida, si es que ha restaurado algo.

"¡Oh, juventud!", suspira el adulto, "¡si yo pudiera tener tu vitalidad de nuevo!". ¿Qué fue lo que redujo esa vitalidad?

Según disminuye la consciencia que tiene uno del esplendor de la vida, así ha disminuido su propia consciencia. La capacidad de darse cuenta disminuye exactamente según disminuye la consciencia. La capacidad de percibir el mundo en torno a uno y la capacidad de llegar a conclusiones exactas respecto a ese mundo son, a todos los efectos, la misma cosa.

Las gafas son un síntoma de la declinación de la consciencia. Uno necesita que le refuercen la vista para hacer que el mundo parezca más vivo. La pérdida de la capacidad de moverse rápidamente, como uno corría cuando era niño, es una declinación de la consciencia y la habilidad.

6. glándula: cualquiera de los órganos que elaboran y segregan substancias indispensables al funcionamiento del organismo o que deben ser eliminadas.

7. tendón: tejido fibroso y fuerte que une el músculo al hueso.

La inconsciencia completa es la muerte. Media inconsciencia es media muerte. Un cuarto de inconsciencia es un cuarto de muerte. Y conforme uno va acumulando el dolor que acompaña a la vida, y deja de acumular los placeres, gradualmente va perdiendo la carrera con la dama de la guadaña[8]. Y se inicia, finalmente, la incapacidad física de ver, pensar y ser, conocida como muerte.

¿Cómo acumula uno este dolor? Y, ¿volvería la plena consciencia y un concepto pleno y prometedor de la vida si se librara de él? Y, ¿hay alguna forma de librarse de ese dolor?

8. dama de la guadaña: la muerte, especialmente cuando se la personifica como una mujer o un esqueleto con una guadaña.

CAPITULO CUATRO

Sobre nuestros esfuerzos para lograr la inmortalidad

El universo físico[1] consta de cuatro elementos: materia, energía, espacio y tiempo.

Según la física nuclear, la materia está compuesta de energía como son los electrones[2] y protones[3]. Y la energía y la materia existen en espacio y tiempo. Todo esto en realidad es muy sencillo. Y así pues, no necesitamos penetrar muy hondo en esto para comprender que el universo en el que vivimos está compuesto de cosas simples dispuestas y vueltas a disponer para crear muchas formas y manifestaciones.

La calle asfaltada, el aire, los helados, los billetes, los gatos, los reyes y los estibadores, básicamente están todos compuestos de materia, energía, espacio y tiempo. Y las cosas que están vivas contienen otro ingrediente: vida.

La vida es una energía de un tipo muy especial, que obedece a ciertas leyes diferentes de lo que normalmente consideramos energía, como lo es la electricidad. Pero la vida es una energía y tiene algunas propiedades peculiares.

La vida puede reunir y organizar la materia y la energía en el espacio y en el tiempo, y animarla[4]. La vida toma algo de materia y energía y hace un organismo como uno unicelular[5], un árbol, un oso polar o un hombre. Luego, este organismo, todavía animado por la energía llamada vida, actúa más aún sobre la materia y la energía en el espacio y en el tiempo, y continúa organizando y animando materia y energía para formar nuevos objetos y formas.

Podría decirse que la vida se dedica a la conquista del universo físico. Se ha dicho que la supervivencia es el impulso primario de la vida. Con el fin de lograr la supervivencia, la vida tiene que continuar y lograr la conquista del universo físico.

Cuando la vida o una forma de vida no continúa esa conquista, deja de sobrevivir y sucumbe.

Tenemos aquí una acción gigantesca: la energía de la vida contra la materia, energía, espacio y tiempo.

1. universo físico: el universo de materia, energía, espacio y tiempo. El universo de los planetas, sus rocas, ríos y océanos, el universo de las estrellas y las galaxias; el universo de los soles incandescentes y el tiempo.

2. electrón: componente del átomo que lleva carga eléctrica negativa.

3. protón: elemento del núcleo del átomo provisto de electricidad positiva.

4. animar: dar vida.

5. unicelular: que consta de una sóla célula.

La vida contra el universo físico.

He aquí una enorme lucha: el universo físico caótico y desorganizado, capaz únicamente de ejercer fuerza, resistiendo la conquista de la vida, organizadora y persistente, capaz de razón.

La vida aprende las leyes de la materia, energía, espacio y tiempo del universo físico, y luego vuelve esas leyes contra el universo físico para favorecer su conquista.

El hombre ha invertido mucho tiempo en aprender lo que ha podido acerca del universo físico, como en las ciencias de la física[6] y la química[7], pero, lo que es más importante, acerca de la lucha diaria de la vida contra el universo. No se piense que un organismo unicelular no manifiesta un conocimiento de las reglas funcionales de la vida, porque sí lo hace. ¡Cuánta astucia requiere organizar algunas sustancias químicas y luz del sol para formar una unidad viva! El biólogo[8] se queda boquiabierto ante el experto comportamiento de las células vivas más pequeñas. Observa estas entidades complicadas y cuidadosas, estas unidades microscópicas de formas de vida, y ni él mismo puede creer que todo esto sea accidental.

Por lo tanto, hay vida, una energía vital que no es exactamente como la energía del universo físico. Y luego hay formas de vida. La forma de vida, u organismo, como lo es un cuerpo humano viviente, consiste en vida *más* materia, energía, espacio y tiempo del universo físico. Un cuerpo *muerto* consiste en materia, energía, espacio y tiempo del universo físico, *menos* energía de vida. La vida estuvo ahí, organizó y luego se retiró del organismo, operación que nosotros conocemos como el ciclo de concepción, nacimiento, crecimiento, deterioro y muerte.

Aunque hay respuestas en cuanto a dónde va la vida cuando se retira y qué hace entonces, nosotros no necesitamos examinar eso ahora. Lo importante para un organismo vivo es el hecho de que está tratando de sobrevivir obedeciendo al esfuerzo total de toda vida; y que para hacerlo, debe tener éxito en su conquista del universo físico.

Dicho con sencillez, la vida debe acumular primero suficiente materia y energía para hacer un organismo (como lo es el cuerpo humano) y luego debe relacionar al organismo con organismos amistosos y cooperativos (como otras personas) y debe continuar procurándose materia y energía adicional para alimento, vestidos y cobijo, con el fin de mantenerse. Adicionalmente, para sobrevivir, debe hacer dos

6. física: el estudio científico de las propiedades e interacciones de la materia y la energía.

7. química: ciencia que estudia la composición íntima de las substancias y sus transformaciones recíprocas.

8. biólogo: el que se dedica a la biología. (Biología: ciencia que estudia la estructura y desarrollo de los seres vivos.)

cosas específicas que, además de la necesidad de aliados, alimento, vestidos y cobijo, son básicamente importantes.

La vida debe obtener placer[9].

La vida debe evitar el dolor.

La vida tiene un impulso activo que la separa del dolor; el dolor es antisupervivencia, es destructivo y es la muerte en sí. El dolor es una advertencia de no supervivencia o muerte potencial.

La vida tiene un impulso activo hacia el placer. El placer puede definirse como la acción para la obtención o el logro de la supervivencia. El placer óptimo es una infinidad de supervivencia o inmortalidad, una meta inalcanzable para el organismo físico en sí (no para su vida), pero hacia la que tiende el organismo.

Por lo tanto, la felicidad podría definirse como la superación de obstáculos hacia una meta deseable. Se encontrará, si se inspecciona cuidadosamente, que cualquier meta deseable es una meta de supervivencia.

El exceso de dolor obstaculiza la supervivencia del organismo.

Demasiados obstáculos entre el organismo y la supervivencia equivalen a no supervivencia.

Por lo tanto, encontramos que la mente[10] se ocupa de calcular o imaginar formas y maneras para evitar el dolor y alcanzar el placer y llevar a cabo soluciones. Y esto es todo lo que la mente hace: percibe, plantea y resuelve problemas[11] relacionados con la supervivencia del organismo, de las generaciones futuras, del grupo, la vida y el universo físico, y lleva a cabo las soluciones. Si resuelve la mayoría de los problemas presentados, el organismo alcanza con ello un alto nivel de supervivencia. Si la mente del organismo fracasa en la solución de la mayoría de los problemas, entonces el organismo falla.

Por lo tanto, la mente tiene una clara relación con la supervivencia. Y con esto quiero decir toda la mente, no sólo el cerebro. El cerebro es una estructura. Puede considerarse que la mente es todo el ser, mortal e inmortal, la personalidad específica del organismo y todos sus atributos.

Así pues, si la mente está funcionando bien, si está resolviendo los problemas que debe resolver, y si está llevando a cabo esas soluciones en forma adecuada, la supervivencia del organismo está asegurada. Si

9. placer: la definición en Dianética de placer es que el organismo que tiende hacia la supervivencia logra el placer al llevar a cabo acciones de supervivencia y al buscar metas de supervivencia.

10. mente: el puesto de mando para el funcionamiento ideado para resolver problemas y formular problemas relacionados con la supervivencia.

11. problema: la definición de problema es intención contraintención o dos o más puntos de vista opuestos o conflictos respecto al mismo tema.

la mente no está funcionando bien, la supervivencia del organismo resulta cuestionable y dudosa.

Así es que la mente debe estar en excelente condición, si quiere uno dar la mayor garantía a su propia supervivencia, a la de su familia, las generaciones futuras, su grupo y la vida.

La mente trata de garantizar y dirigir acciones de supervivencia. Busca la supervivencia, no solamente para el organismo (uno mismo), sino también la busca para la familia, los hijos, las generaciones futuras y toda la vida. Por lo tanto se la puede embotar en forma selectiva.

Una mente puede ser embotada con respecto a la supervivencia de sí misma, y pese a ello estar viva en lo que se refiere a la supervivencia de generaciones futuras. Puede ser embotada con respecto a grupos, y sin embargo estar muy viva en cuanto a su responsabilidad hacia el organismo (uno mismo). Con el fin de funcionar bien, la mente no debe estar embotada en ninguna dirección.

Para funcionar bien, la mente debe concebirse capaz de controlar el universo físico de materia, energía, espacio y tiempo dentro de las necesidades del organismo, familia, generaciones futuras y grupos, al igual que la vida.

La mente debe ser capaz de evitar el dolor y descubrir el placer para sí misma, las generaciones futuras, la familia y el grupo, al igual que para la vida misma.

Cuando la mente fracasa en evitar dolor y descubrir placer, también fracasa el organismo, la familia, las generaciones futuras, el grupo y la vida.

El que un organismo de un grupo no logre resolver adecuadamente problemas de supervivencia es, en parte, un fracaso para todo el grupo. Por lo tanto: "¡No mandes a nadie a buscar por quién doblan las campanas; doblan por ti!".

La vida es un esfuerzo interdependiente, cooperativo. Todos y cada uno de los organismos vivos tienen un papel que desempeñar en la supervivencia de otros organismos.

Cuando se trata de una mente pensante, como lo es la del hombre, el organismo debe poder actuar en forma independiente para su propia supervivencia y la supervivencia de otros. Sin embargo, para poder lograr esas supervivencias, una mente debe concebir soluciones que sean óptimas, no solamente para el organismo, sino para todas las otras cosas relacionadas con su supervivencia.

Por tanto la mente de un organismo debe llegar a acuerdos con las mentes de otros organismos, con el fin de que todos puedan sobrevivir al más elevado nivel que sea posible.

Cuando una mente es entorpecida y embotada, comienza a calcular soluciones en forma deficiente. Empieza a estar confusa sobre sus metas. No está segura sobre lo que realmente intenta hacer. E involucrará e inhibirá la supervivencia de otros organismos. Puede empezar, por ejemplo, a calcular que ella debe sobrevivir, y que únicamente ella es importante, y así descuidar la supervivencia de otros. Esto es actividad antisupervivencia. Es altamente aberrada.

Una mente que empieza a "sobrevivir" únicamente para sí misma, y que empieza a disminuir y controlar con fuerza a otros organismos a su alrededor, lleva ya más de la mitad del camino hacia su propia muerte. Es una mente que está menos que medio viva. Tiene menos de la mitad de su verdadera potencialidad. Su percepción del universo físico es deficiente. No se da cuenta de que, para poder sobrevivir, depende de la cooperación de otros. Ha perdido su misión de supervivencia. Esta mente ya está dirigiéndose hacia la muerte, ha rebasado su punto más alto y realmente hará acciones personales que le llevarán a su propia muerte.

La vida, en toda su amplitud, se sirve de la muerte del organismo. Cuando un organismo ya no puede continuar bien, el plan de la vida es matarlo y servirse una vez más de un nuevo organismo.

La muerte es la operación de la vida para deshacerse de un organismo inútil e indeseado, para que puedan nacer y florecer nuevos organismos.

La vida en sí no muere. Unicamente muere el organismo físico. Aparentemente, ni siquiera muere una personalidad[12]. La muerte, por lo tanto, es ciertamente un concepto limitado a la muerte de la parte física del organismo. La vida y la personalidad, aparentemente, continúan. La parte física del organismo cesa de funcionar. Y eso es la muerte.

Cuando un organismo alcanza un punto en que sólo está consciente a medias; en que percibe la mitad de bien de lo que debería; en que está funcionando sólo la mitad de bien de lo que debería funcionar; comienza la muerte. Después de esto, el organismo actuará para apresurar la muerte. Esto lo hace "inconscientemente". Sin embargo, en su estado aberrado, una mente así también llevará la muerte a otros organismos. Por lo tanto, un organismo medio consciente es una amenaza para otros.

Aquí se encuentra el propenso a accidentes, el fascista[13], la persona que trata de dominar, la persona egoísta. Aquí tenemos un organismo camino de la extinción.

12. personalidad: el individuo, la personalidad, es la unidad de consciencia de estar consciente; y esta unidad es el individuo.

13. fascista: persona que cree en el fascismo o lo practica. (Fascismo: un sistema de gobierno que se caracteriza por la dictadura rígida de un sólo partido, fuerte supresión de la oposición, la empresa privada está bajo el control centralizado del gobierno, nacionalismo beligerante, racismo, militarismo, etc.)

Cuando un organismo alcanza un punto en el que solamente está vivo en una tercera parte, consciente en una tercera parte, está percibiendo únicamente una tercera parte de lo que prodría percibir, la vida apresura aún más la muerte de este organismo y los que lo rodean. Aquí está el suicida; aquí está la persona que continuamente está enferma, la que se niega a comer.

Los organismos destinados a morir, a veces necesitan años y años para morir. Porque el organismo experimenta resurgimientos y todavía tiene algún pequeño deseo de continuar viviendo. Y otros organismos le ayudan a vivir. Es arrastrado por la marea de la vida aun cuando su dirección individual es hacia la muerte; la muerte para otros, la muerte para el propio organismo y la muerte para el universo físico que lo rodea.

La sociedad, cuya mayoría está empeñada en la supervivencia, deja de reconocer o se niega a reconocer a la muerte o el impulso que lleva a los organismos hacia ella. La sociedad promulga leyes contra el asesinato y el suicidio. La sociedad proporciona hospitales. La sociedad lleva a esa gente sobre sus espaldas. Y la sociedad nada quiere saber de la eutanasia o "matar por misericordia".

Los organismos que han rebasado el punto medio llegarán a medidas y medios extraordinarios para producir la muerte de otros, de las cosas y de sí mismos. Aquí tenemos a los hítleres, a los criminales y al destructivamente neurótico[14].

Dale a una persona que haya rebasado este punto un coche para que lo conduzca, y el coche puede verse involucrado en un accidente. Dale dinero, y el dinero irá destinado a comprar cosas que no ayuden a la supervivencia.

Pero no debemos poner énfasis en lo dramático y olvidar lo importante, como lo hacen los periódicos. La acción y el impulso hacia la muerte se torna notable, únicamente cuando es muy dramático, pero es más peligroso en sus formas no dramáticas.

Una persona que ha rebasado el punto medio, siempre acarrea la muerte a pequeña escala a cosas y personas. Una casa que se deja sucia, citas que no se cumplen, ropas que no se cuidan, chismes malignos, críticas maliciosas hacia otros "por su propio bien"; todas estas cosas son perturbaciones que acarrean el fracaso; y demasiados fracasos acarrean la muerte.

Y no se debe suponer que el punto medio corresponde a la mitad del camino de la vida. Significa estar medio consciente, medio vivo, medio (o menos de medio) perceptivo y pensante. Una criatura puede

14. neurótico: persona que es, ante todo, dañina para sí misma a causa de sus aberraciones, pero que no llega al punto del suicidio.

ser suprimida[15] a este nivel por sus padres o por la escuela. Y realmente, los niños caen muy comúnmente por debajo del punto medio, tal es la derrota a la que llegan ante su entorno y en su competencia con la vida. La edad no es un punto de referencia, pero sí lo es la salud física.

La manifestación más segura de que alguien ha rebasado el punto medio es su condición física. Los que están crónicamente enfermos ya lo han rebasado.

Si se pretende tener una sociedad segura, si se quiere liberar a la sociedad de sus factores de muerte, se debe tener algún medio ya sea para destruir a los que le acarrean la muerte, los hítleres, los dementes, los criminales, o bien se debe tener algún medio de salvar a esas personas y devolverlas a un estado de plena consciencia.

La plena consciencia significaría pleno reconocimiento de las responsabilidades propias, de su relación con otros, del cuidado de uno mismo y de la sociedad.

¿Cómo puede lograrse una cosa así? Si se pudiera lograr, se podría elevar un orden social a alturas hasta ahora inalcanzables. Se podrían vaciar las prisiones y los manicomios. Se podría hacer un mundo demasiado cuerdo para la guerra, y se podría sanar a la gente que nunca antes había tenido medios de lograr la salud. Y podría hacerse feliz a la gente que nunca antes había sabido lo que es la felicidad. Podría elevarse la buena voluntad y la eficiencia de todos los hombres y de todos los órdenes sociales, si pudieras restaurar la vitalidad de esa gente.

Para saber cómo se pueden recuperar, hay que saber cómo se reduce la consciencia, la vitalidad, la voluntad de vivir.

15. suprimir: aplastar, dominar, hacer menor, no dejar que el otro alcance, hacerlo dudar de lo que ha alcanzado, minimizar por todos los medios posibles.

CAPITULO CINCO

Sobre elevar nuestro nivel de consciencia

Un organismo es suprimido y conducido hacia la muerte por dolor acumulado.

En un gran choque arrollador, el dolor produce la muerte inmediata.

El dolor en pequeñas dosis a lo largo de una vida, gradualmente suprime al organismo conduciéndolo hacia la muerte.

¿Qué es el dolor?

El dolor es una advertencia de pérdida. Es un sistema automático de alarma, instalado en los organismos de vida, que informa al organismo que alguna parte de él o su totalidad está bajo tensión y más vale que el organismo actúe, o morirá.

La señal del dolor significa que el organismo está próximo a una fuerza o un objeto destructivo. No hacer caso del dolor es morir. El dolor es el látigo que retira al organismo de estufas calientes y temperaturas bajo cero; el dolor es la amenaza de no supervivencia, el castigo por errores cometidos al tratar de sobrevivir.

Y el dolor siempre es pérdida. Un dedo quemado significa que el cuerpo ha perdido las células en la superficie de ese dedo. Están muertas. Un golpe en la cabeza significa la muerte de las células del cuero cabelludo y otras de la zona. Así, el organismo es advertido de la proximidad de una fuente de muerte, y por lo tanto trata de retirarse de ahí.

La pérdida de un ser amado es también una pérdida de supervivencia. La pérdida de una posesión es también pérdida de potencialidad de supervivencia. Entonces, uno confunde el dolor físico y la pérdida de organismos u objetos de supervivencia, y por tanto, existe lo que se llama "dolor mental".

Pero la vida, en su competencia total con el universo físico, no soporta el fracaso. Un organismo que es tan temerario como para permitir que lo golpeen demasiado fuerte y así lo lleven a la inconsciencia, permanece cercano al objeto productor de dolor. Si ese organismo fracasa tan notablemente en sobrevivir se le considera que es no sobreviviente.

La inconsciencia experimentada como resultado de un golpe o una enfermedad es una imagen rápida de lo que sucede a lo largo de una vida.

¿Hay alguna diferencia, exceptuando el tiempo, entre estas dos cosas?

> Un golpe produce inconsciencia, de la cual resulta la muerte.
>
> Los golpes acumulados a lo largo de una vida producen una disminución gradual de la consciencia, la cual resulta finalmente en muerte.

Una es más lenta que la otra.

Uno de los descubrimientos básicos de Dianética fue que la inconsciencia, y todo el dolor que va con ella, se almacena en una parte de la mente; y que este dolor e inconsciencia se acumulan hasta causar que el organismo comience a morir.

Otro descubrimiento de Dianética fue que este dolor se puede anular o borrar y con ello devolver una consciencia plena y una rehabilitación que conduce hacia la supervivencia.

En otras palabras, con Dianética se hace posible cancelar la inconsciencia y dolor acumulados a lo largo de años, y restaurar la salud y la vitalidad de un organismo.

El dolor físico y la pérdida acumulados reducen la consciencia, reducen la salud física y reducen la voluntad de vivir, a un grado en que el organismo busca activamente (aunque con frecuencia solapadamente) la muerte.

Bórrese o anúlese el dolor físico, las pérdidas de una vida, y la vitalidad retorna.

La vitalidad del vivir, de buscar niveles más altos de supervivencia, es la vida en sí.

Se descubrió que el cuerpo humano es extremadamente capaz de repararse a sí mismo cuando se eliminan los recuerdos de dolor almacenados. Se descubrió además que, mientras el dolor almacenado permanecía ahí, la atención médica de las llamadas afecciones psicosomáticas, como son la artritis, el reumatismo[1], la dermatitis[2] y miles más, no lograba resultados permanentes. La psicoterapia[3], desconociendo el almacenamiento del dolor y sus efectos, descubrió hace mucho tiempo que se podía eliminar una enfermedad de un paciente sólo para que surgiera otra; y la psicoterapia se volvió una escuela derrotista porque no podía hacer nada permanente en favor de los aberrados o los enfermos, aun cuando podía hacer un poco para aliviarlos. Por lo tanto, todos los esfuerzos por hacer a los hombres vitales y hacerlos sentirse bien se volvieron inciertos, porque no se había

1. reumatismo: nombre que se da en general a un conjunto de afecciones articulares o musculares caracterizadas por dolor.

2. dermatitis: inflamación de la piel.

3. psicoterapia: tratamiento de las enfermedades, especialmente de las enfermedades mentales, por medio de métodos psíquicos, como el psicoanálisis, la persuasión, la sugestión, etc.

descubierto y probado el motivo por el que eran ineficaces y se enfermaban.

Con Dianética fue posible erradicar la aberración y la enfermedad, porque se hizo posible erradicar o anular el dolor acumulado en los bancos de almacenaje de dolor del cuerpo sin aplicar más dolor, como en la cirugía.

Por lo tanto, la consciencia depende de la ausencia o anulación o erradicación de recuerdos de dolor físico, porque la inconsciencia es parte de ese dolor; es uno de sus síntomas.

Por ejemplo, la artritis de la rodilla es la acumulación de todas las lesiones en la rodilla que hubo en el pasado. El cuerpo confunde el tiempo y el entorno con el tiempo y el entorno en que la rodilla fue realmente lastimada, así es que mantiene ahí el dolor. Los fluidos del cuerpo evitan la zona del dolor. Por lo tanto se produce una acumulación llamada artritis. La prueba de esto es que cuando se localizan y descargan las lesiones de la rodilla que hubo en el pasado, la artritis cesa, no toma su lugar ninguna otra lesión y la persona termina con la artritis de la rodilla. Y esto sucede en diez casos de diez, exceptuando los casos en que la edad y el deterioro físico están tan avanzados hacia la muerte, que ya se ha rebasado el punto crítico.

Veamos un corazón afectado. La persona siente dolor en el corazón. Puede tomar medicina u otra dieta o hacer vudú[4] y seguir teniendo un corazón afectado. Encuéntrese y erradíquese una verdadera lesión física de corazón, y éste dejará de doler y se pondrá bien.

Nada más fácil que probar estos principios. Un buen auditor de Dianética puede hacerse cargo de una dama de treinta y ocho años de edad, destrozada y llena de pesar, echar fuera todos sus períodos pasados de dolor físico y mental, y presentar a alguien que aparenta tener veinticinco años...; y unos veinticinco años prometedores y alegres.

Claro que es increíble. También lo es una bomba atómica, un poquito de plutonio[5] que puede borrar del mapa a toda una ciudad.

Una vez que se conocen los principios básicos de la vida, y el hecho de que actúa como energía, se puede devolver la vida a los enfermos, los debilitados, los presuntos suicidas.

Y lo que es aún más importante que tratar a los muy enfermos, mentales o físicos, se puede interrumpir la espiral descendente de un hombre que todavía está alerta y bien, para que después de esto no se enferme tanto. Y puede uno tomar a la persona llamada "normal",

4. vudú: forma de religión que se basa en la creencia en la brujería y en los ritos mágicos. La practican algunas personas de las Indias Occidentales y América.

5. plutonio: elemento radioactivo que no se encuentra en la naturaleza. Se emplea en armas y reactores nucleares.

y enviar su estado de ser hasta niveles de resplandor y éxito que hasta ahora no habían sido posibles.

Restáurese la plena consciencia en un individuo y se estará restaurando el total de su potencialidad de vida.

Y ahora, esto se puede hacer.

CAPITULO SEIS

Sobre la mejora de nuestro nivel de vida y comportamiento

La escala tonal, de la que aparece una variedad reducida en este libro (pag. 35), marca la espiral descendente de la vida, partiendo de la vitalidad y consciencia plenas, pasando por la vitalidad y consciencia medias, hasta llegar a la muerte.

Mediante diversos cálculos sobre la energía de la vida, mediante observación y mediante pruebas experimentales, esta escala tonal nos muestra niveles de comportamiento según declina la vida.

Estos diversos niveles son comunes a todos los hombres.

Cuando una persona está casi muerta, puede decirse que está en una *apatía* habitual[1], y se comporta de cierta manera respecto a otras cosas. Esto corresponde a 0,1 en la tabla de la escala tonal.

Cuando una persona está habitualmente en *aflicción* hacia sus pérdidas, está en tono de aflicción y se comporta de cierta manera respecto a muchas cosas. Esto corresponde a 0,5 en la tabla.

Cuando una persona todavía no está tan abajo como aflicción, pero se da cuenta de que hay pérdidas inminentes, o cuando está habitualmente fijada a este nivel por pérdidas pasadas, puede decirse que está en *miedo*. Esto está alrededor de 1,1 en la tabla.

Un individuo que está luchando contra amenazas de pérdidas, está en *enojo*. Y manifiesta otros aspectos de comportamiento. Esto es 1,5.

La persona que solamente sospecha que puede ocurrir la pérdida o que está fija en este nivel, está resentida. Puede decirse que está en *antagonismo*. Esto es 2,0 en la tabla.

Por encima del antagonismo, la situación de una persona no es tan buena para que esté entusiasta, ni es tan mala para que esté resentida. Ha perdido algunas metas y no puede de inmediato localizar otras. Se dice que está en *aburrimiento*, o en 2,5 en la tabla de la escala tonal.

En 3,0, la persona tiene un punto de vista *conservador*, precavido hacia la vida, pero está alcanzando sus metas.

En 4,0, el individuo está *entusiasta*, feliz y con vitalidad.

Muy pocas personas estan en 4,0 por naturaleza. Una media bastante benévola es probablemente alrededor de 2,8.

Al examinar la tabla, se encontrarán, según se recorren las casillas horizontalmente, las diversas características de las personas que se encuentran en esos niveles. Por horrible que parezca, se ha encontrado

1. habitual: que se hace, padece o posee con continuación o por hábito.

que esas características son constantes. Si una persona se encuentra en 3,0, recorrerá horizontalmente toda la tabla por ese nivel.

Ya se ha visto funcionar antes esta tabla. ¿Has visto a un niño tratando de conseguir, digamos, una moneda? Al principio está feliz. Simplemente quiere una moneda. Si se le niega, entonces explica para qué la quiere. Si fracasa en conseguirla y no la deseaba mucho, se aburre y se va. Pero si de veras quiere la moneda, se volverá antagónico al respecto. Después se enojará. Y si eso falla, quizá mienta acerca de por qué quiere la moneda. Si fracasa, cae en aflicción. Y si aun así se le niega, caerá finalmente en apatía y dirá que no la quiere. Esto es negación.

También se ha visto funcionar la escala en el otro sentido. Un niño amenazado por el peligro también desciende por la escala. Al principio no aprecia que lo amenaza el peligro y está bastante alegre. Entonces, el peligro, digamos que es un perro, empieza a acercársele. El niño ve el peligro, pero todavía no cree que es para él y sigue en lo que está haciendo. Pero sus jugetes le "aburren" por el momento. Está un poco inquieto y no está seguro. Entonces, el perro se acerca más. El niño "se resiente con él" o muestra cierto antagonismo. El perro se acerca aún más. El niño se enoja y hace algún esfuerzo por lastimar al perro. El perro se acerca aún más y está más amenazante. El niño se asusta. Como el miedo es infructuoso, el niño llora. Si el perro sigue amenazándolo, el niño puede caer en apatía y simplemente esperar a ser mordido.

Los objetos, animales o personas que ayudan a la supervivencia, hacen descender al individuo por la escala tonal conforme se vuelven inaccesibles para él.

Los objetos, animales o personas que amenazan la supervivencia, hacen descender al individuo por la escala conforme se acercan a él.

Esta escala tiene una óptica[2] habitual u ocasional. Una persona puede caer a un nivel bajo de la escala de tono durante diez minutos y luego subir, o puede caer durante diez años y no volver a subir.

Un individuo que ha sufrido demasiadas pérdidas, demasiado dolor, tiende a fijarse en algún nivel bajo de la escala y permanecer ahí con sólo ligeras fluctuaciones. Su comportamiento general y común estará entonces en ese nivel de la escala de tono.

Al igual que un momento de aflicción (0,5) puede provocar que un niño actúe a lo largo de la zona de aflicción por un tiempo breve, una fijación en 0,5 puede provocar que un individuo actúe en el nivel de 0,5 hacia la mayoría de las cosas de su vida. Existen la conducta momentánea y la conducta fija.

2. óptica: punto de vista, modo de considerar un asunto u otra cosa.

¿Cómo se puede encontrar a un individuo en esta escala tonal?

¿Cómo puede uno encontrarse a sí mismo?

Si se pueden encontrar dos o tres características en un nivel determinado de la escala, puedes mirar la columna de números opuesta a esas características y encontrar el nivel. Puede ser 2,5 o puede ser 1,5. Dondequiera que se encuentre, simplemente mírense *todas* las columnas opuestas al número que se encontró, y se verán todas las características restantes.

El único error que se puede cometer al evaluar a otra persona en esta escala de tono, es creer que se sale de ella en alguna parte y está más elevada en un aspecto que en otro. La característica que objetas puede estar oculta, pero está ahí.

Véase la parte superior de la primera columna y se obtendrá un cuadro general del comportamiento y características fisiológicas[3] de la persona. Véase la segunda columna para obtener la condición física. Véase la tercera columna para la emoción[4] más generalmente expresada por la persona. Continúese a través de las diversas columnas. En alguna parte se encontrarán datos sobre alguien o sobre uno mismo, de los que se puede estar seguro. Luego examínense simplemente todas las características restantes del nivel de los que se estaba seguro. Esa zona, ya sea 1,5 ó 3,0, indicará la historia de un ser humano.

Por supuesto, como una persona tiene buenas y malas noticias, días felices y tristes, hay ascensos y descensos momentáneos en esta escala tonal, pero hay un nivel habitual, un comportamiento medio para cada individuo.

Según un individuo desciende más y más por esta tabla, más y más bajos están su estado de alerta y su consciencia.

El humor o actitud habitual del individuo hacia la existencia declina en proporción directa a la forma en que considera al universo físico y a los organismos que lo rodean. Hay otros muchos aspectos mecánicos de esta tabla que tienen que ver con manifestaciones de energía y observación de la conducta, pero no necesitamos incluirlos aquí.

No es una manifestación completa decir simplemente que uno se queda fijo en su forma de considerar el universo físico y los organismos que le rodean, ya que hay maneras exactas, más allá de la consciencia, que permiten que esto suceda. La manifestación, sin embargo, es una

3. fisiológico: perteneciente o relativo a la fisiología. (Fisiología: Los procesos o funciones orgánicas de un organismo o cualquiera de sus partes.)

4. emoción: se podría la llamar la manifestación de energía de la afinidad. En su uso en Dianética, se la podría describir como el indicador del estado de ser. En lenguaje común, "emocional" con frecuencia se considera sinónimo de "irracional". Esto parece implicar que si uno es emocional no puede ser racional. Lo cual es una suposición bastante irracional.

reducción de la consciencia respecto al entorno físico de un individuo. Esa reducción de la consciencia es la causa parcial de un descenso gradual en la tabla, pero es lo suficientemente ilustrativo para nuestros propósitos en este libro.

En la parte superior de esta tabla, uno está totalmente consciente de sí mismo, de su entorno, de otras personas y del universo en general. Acepta sus responsabilidades. Hace frente a las realidades de él. Resuelve los problemas dentro de los límites de su educación y experiencia.

Entonces, ocurre algo: su percepción del universo material se reduce. ¿Cómo sucede esto?

La forma primera y principal en que se inicia un descenso en la tabla es un dolor físico causado por el universo físico. Una cosa es adquirir experiencia y otra muy diferente es sufrir dolor físico, ya que cualquier experiencia acompañada de dolor físico real es *ocultada* por ese dolor. Se supone que el organismo evita el dolor para sobrevivir. Igualmente, evita los recuerdos de dolor si el organismo se encuentra por encima de 2,0 en la tabla. Debajo de 2,0 "saborea" los recuerdos de dolor, ya que éstos conducen a la muerte. Tan pronto como puede empezar a evitar el dolor, a pesar de que ese dolor esté registrado, la consciencia empieza a descender marcadamente. La percepción del universo físico empieza a disminuir y empieza a descender el nivel de las actividades de uno.

Podría decirse que hay un mundo interior y un mundo exterior. El mundo interior es el de ayer. La información que contiene se usa para juzgar al mundo del exterior, de hoy y de mañana. Mientras uno tenga todos los datos disponibles, puede hacer cálculos excelentes. Cuando los hechos que ha aprendido empiezan a quedar enterrados, las conclusiones a las que uno llega tienden a volverse equivocadas exactamente en esa medida.

Según disminuye la confianza que uno tiene en el universo físico, así disminuye la capacidad que tiene para controlarlo. Los sueños y las esperanzas empiezan a parecer inalcanzables; uno deja de esforzarse. En realidad, la capacidad pocas veces disminuye; sólo *parece* disminuir.

Cuando el mundo interior expresa demasiado dolor físico, el organismo se confunde. Como el niño que finalmente dice que no quiere la moneda, el organismo dice que no quiere nada del universo físico, y entonces perece, o vive por un tiempo en una penumbra y luego perece de todos modos.

La meta es ganar. Cuando uno ha perdido demasiado y demasiadas veces, la posibilidad de ganar *parece* demasiado remota para intentarlo. Y pierde. Se acostumbra tanto a la pérdida, que empieza a concentrarse en la pérdida en lugar de favorecer el avance. Y lo hace de manera bastante irracional. Que uno haya perdido dos coches no quiere decir que pueda perder tres; y sin embargo, el que ha perdido dos, realmente estará tan preparado para perder tres que tomará medidas, aunque inconscientemente, para perder el tercero. Esto les ocurre a las personas con cualquier objeto.

Conforme un individuo desciende por la escala tonal, lo primero que empieza a perder es la confianza al tratar de alcanzar las orillas más lejanas de su entorno, las fronteras más lejanas de sus sueños; y se vuelve "conservador". No es muy malo ser precavido, pero sí ser habitualmente conservador, ya que a veces hay que lanzarse a fondo para ganar una vida.

Según comienza a acumularse el dolor físico en los bancos de registro de la mente, el individuo confunde aún más el ayer con el hoy y retira aún más su confianza. Se asusta un poco y adopta la pose del aburrimiento y dice que de todos modos no quería llegar tan lejos. No vale la pena. Se burla de las cosas que realmente quiere, se burla de los sueños de otros y de sus actos, como un reportero de la revista *New Yorker*[5]. Tiene miedo de encarar un hecho esperanzador; mucho menos va a hacer frente a un objeto verdaderamente deseable.

Al aumentar más el dolor, continúa bajando por la escala hasta que verdaderamente está en camino de salir de la vida.

El hecho es que cuanta más edad tuviera una persona y cuanta más experiencia tuviera, tanto mejor debería poder controlar su entorno. Si pudiera permanecer plenamente consciente y racional al respecto, así sería. Pero la mecánica del almacenamiento de dolor es tal que en realidad, conforme recibe más dolor, se vuelve menos y menos consciente; y así, en realidad no puede utilizar su experiencia para nada. Si pudiera adquirir experiencia sin dolor físico, su entusiasmo, su capacidad y su brío permanecerían muy altos. Pero evidentemente, el hombre era un organismo inferior antes de ser hombre. Y un organismo inferior solamente puede reaccionar, no puede pensar. El pensamiento es algo nuevo.

Hasta antes de Dianética, esto parecía un ciclo cerrado sin esperanza. Uno tenía entusiasmo, pero no tenía experiencia. Así es que, con avances entusiastas, atacaba al entorno con toda la locura de la juventud y era rechazado, humillado. Recibía dolor con cada rechazo. Ganaba experiencia, pero no podía pensar en la experiencia sin enfrentarse al dolor, así es que ésta no le servía para nada. Cuando ya tenía suficiente experiencia, ya no tenía los sueños, la energía y el entusiasmo para culminar el ataque contra su entorno.

5. New Yorker: revista literaria de Nueva York que contiene crítica literaria y teatral.

El procesamiento, como el de las preguntas de la última sección de este libro o como la coauditación[6] de Dianética, rompió el ciclo. La juventud pudo atacar al entorno y experimentar el dolor del rechazo, pero el dolor físico se pudo eliminar de la mente por medio de Dianética, dejando la experiencia ahí, *con* el entusiasmo.

Al momento de escribir esto, debe haber decenas de miles de individuos que han experimentado ya Dianética. Algunos, aquí y allá, no pudieron alcanzar un beneficio total porque antes se necesitaba considerable conocimiento técnico para procesar a alguien. Ese libro y *Autoanálisis* se desarrollaron para que un individuo pudiera obtener al menos los beneficios primarios del procesamiento, sin ningún conocimiento técnico y sin ocupar el tiempo de otra persona.

Una persona, cualquiera que sea el nivel de la escala tonal en el que se encuentre (a menos que esté muy abajo y en el terreno de la demencia, ya que ésta es también una escala de cordura), puede ascender de nuevo por esa escala, rehabilitando su capacidad para pensar en su entorno y conocerlo. Ahora que se conocen las reglas, esto se logra fácilmente; y es de asombrarse que no se haya logrado antes.

¿Te has buscado en la tabla? Bueno, no vayas por ahí buscando un acantilado o un hacha, si estuvieras por debajo de 2,0. El *autoanálisis* te puede subir por esa tabla, de manera que tú mismo podrás ver que has subido.

Después de la tabla hay algunos tests y gráficas. Debes contestarlos. Te ayudarán a localizarte. Entonces sabrás mucho mejor por qué eres o no un buen amigo de ti mismo. Puedes darte cuenta que no te interesa tener un amigo así. Bueno, si anda tan mal, realmente necesita tu ayuda. Así es que échale una mano. Toda la parte final del libro está llena de ejercicios que harán que tengas en ti mismo un mejor amigo, si haces estos ejercicios media hora diaria.

Yo no sé lo alto que puedes lograr subir en esa tabla. Puedes elevarte a ti mismo bastante, y la coauditación de Dianética puede hacer el resto, si así lo deseas. O bien puedes recorrer todo el camino y estabilizarte ahí.

En este momento, si no eres tu propio amigo, yo soy tu amigo. Y sé por experiencia que puedes subir por la tabla.

El hombre es básicamente bueno. El dolor y las aberraciones sociales lo alejan de la ética[7] elevada, la eficiencia y la felicidad. Libérate del dolor y estarás en el nivel superior de la tabla.

6. coauditación: abreviación de auditación cooperativa. Significa un equipo de dos personas que se ayudan mutuamente a alcanzar una vida mejor.

7. ética: las acciones que el individuo realiza por sí mismo para lograr la supervivencia óptima para sí y para los demás. La conducta ética implica adherirse a los códigos morales de la sociedad en que vivimos.

Ahora pasa a las preguntas que te ayudarán a localizarte a ti mismo. **Pero no uses esta tabla para tratar de someter a otra persona. No digas a otras personas dónde están en la escala. Eso puede arruinarlas. Deja que ellas se hagan su propio examen.**

CAPITULO SIETE

La Tabla de Evaluación Humana Hubbard

Esta tabla es una forma especializada de la Tabla de Evaluación Humana y Procesamiento de Dianética Hubbard.

En el libro *La ciencia de la supervivencia*, un libro de L. Ronald Hubbard sobre la predicción del comportamiento humano, se encuentra una descripción completa de cada columna de esta tabla (excepto las últimas seis, que sólo se encuentran en *Autoanálisis*).

La posición de un individuo en esta escala tonal varía a través del día y a través de los años, pero es bastante estable en algunos períodos. La posición de uno en la tabla se eleva al recibir buenas noticias, baja cuando las noticias son malas. Esto es el tira y afloja usual con la vida. Sin embargo, toda persona tiene una posición *habitual* en la tabla que es inalterable, a menos que la persona se procese.

El nivel de necesidad (sacar fuerzas de flaqueza como en las emergencias) puede elevar a un individuo bastante en esta tabla durante períodos breves.

La educación, como la que se da bajo coacción, tiene en sí una posición en la escala tonal. Una persona puede estar en realidad relativamente no aberrada, pero por educación, puede encontrarse en una posición más baja en la tabla de lo que debería estar. También sucede el caso contrario. Por lo tanto, uno puede ser educado hacia un nivel en la tabla más alto o más bajo de lo impuesto por sus propias aberraciones.

El entorno en el que uno está influye fuertemente en la posición que ocupa en la tabla. Todo entorno tiene su propio nivel de tono. Un hombre que realmente está un 3,0 puede empezar a actuar como un 1,1 en un entorno 1,1. Sin embargo, un 1,1 generalmente no actúa alrededor de 1,5 en un entorno de tono más elevado. Si uno vive en un entorno de tono bajo puede esperar que finalmente su tono será bajo. Ocurre lo mismo en el matrimonio; uno tiende a ponerse a la altura del nivel de tono de su cónyuge.

Esta escala tonal también es válida para grupos. Se puede examinar una empresa o una nación en cuanto a sus diversas reacciones normales, y al transportarlas a la escala se obtendrá la potencialidad de supervivencia de una empresa o de una nación.

También se puede usar esta tabla para emplear gente o para elegir socios. Es un indicador exacto de lo que se puede esperar y da la oportunidad de predecir qué hará la gente antes de que se tenga gran experiencia con ella. También te proporciona la clave de lo que te puede suceder en ciertos entornos o al estar en contacto con ciertas personas, ya que ellas te arrastrarán hacia abajo, o te harán subir.

En el libro *La ciencia de la supervivencia* de Ronald Hubbard, aparece un ejemplar más extenso de esta tabla, y descripciones completas de las columnas.

La Tabla de Evaluación Humana Hubbard

Las definiciones para las palabras con notas a pie de página se pueden encontrar inmediatamente después de la última página de la tabla.

Escala tonal	1 **Comportamiento y estado fisiológico**	2 **Nivel médico**
4,0	Excelente para proyectos, ejecución. Tiempo de reacción rápido (según la edad).	Casi a prueba de accidentes. Sin enfermedades psicosomáticas. Casi inmune[1] a bacterias.
3,5	Bueno para proyectos, ejecución, deportes.	Altamente resistente a infecciones comunes. Libre de resfriados.
3,0	Capaz de bastante cantidad de acción, deportes.	Resistente a infección y enfermedad. Pocas enfermedades psicosomáticas.
2,5	Relativamente inactivo, pero capaz de acción.	Ocasionalmente enfermo. Susceptible[2] a enfermedades comunes.
2,0	Capaz de acción destructiva y acción constructiva menor.	Enfermedades ocasionales severas.
1,5	Capaz de acción destructiva.	Afecciones sedimentarias[3] (artritis) (nivel 1,0 a 2,0 indistintamente).
1,1	Capaz de ejecución menor.	Enfermedades endocrinas[4] y neurológicas[5].
0,5	Capaz de acción relativamente incontrolada.	Mala función crónica de órganos. (Propenso a accidentes.)
0,1	Vivo como organismo.	Crónicamente enfermo. (Rechaza el sustento.)

3 **Emoción**	4 **Comportamiento sexual** **Actitud hacia los niños**	**Escala tonal**
Ahínco, regocijo.	Interés sexual elevado, pero frecuentemente sublimado[6] a pensamiento creativo. Interés intenso por los niños.	**4,0**
Interés fuerte.	Interés elevado en el sexo opuesto. Constancia. Amor por los niños.	**3,5**
Interés leve. Satisfecho.	Interés en la procreación. Interés en los niños.	**3,0**
Indiferencia. Aburrimiento.	Desinterés en la procreación. Vaga tolerancia hacia los niños.	**2,5**
Resentimiento expresado.	El sexo le molesta; repugnancia. Molesta a los niños y se siente nervioso con ellos.	**2,0**
Enojo.	Violación. Sexo como castigo. Trato brutal a los niños.	**1,5**
Resentimiento no expresado. Miedo.	Promiscuidad sexual, perversión, sadismo[7], prácticas irregulares. Uso de los niños para propósitos sádicos.	**1,1**
Aflicción. Apatía.	Impotencia[8], ansiedad; posibles esfuerzos para reproducir. Angustia acerca de los niños.	**0,5**
Apatía profunda.	Ningún esfuerzo por procrear.	**0,1**

Escala tonal	5 **Dominio del entorno**	6 **Valor real para la sociedad comparado con su valor aparente**
4,0	Autodominio elevado. Agresivo hacia el entorno. Le disgusta controlar gente. Razonamiento elevado; emociones volubles[9].	Valor elevado. El valor aparente será descubierto. Creativo y constructivo.
3,5	Razona bien. Buen control. Acepta ser propietario. Emoción libre. Liberal[10].	Buen valor para la sociedad. Ajusta el entorno para beneficio propio y de otros.
3,0	Controla las funciones del cuerpo. Razona bien. Emoción libre todavía inhibida. Concede derechos a otros. Demócrata.	Cualquier valor aparente es valor real. Valor razonable.
2,5	Controla la función y algunos poderes de razonamiento. No desea mucho ser propietario.	Capaz de acción constructiva; rara vez en cantidad. Poco valor. "Bien adaptado".
2,0	Antagónico y destructivo hacia sí mismo, otros y el entorno. Desea ordenar para dañar.	Peligroso. Cualquier valor aparente eliminado por su potencialidad para dañar a otros.
1,5	Aplasta o destruye a otros o al entorno. Al fracasar en esto, puede destruirse a sí mismo. Fascista.	No sincero. Gran riesgo. Posible asesino. Aunque declara buenas intenciones, producirá destrucción.
1,1	Sin control de razón o emociones, pero control orgánico aparente. Emplea medios disimulados para controlar a otros, especialmente hipnosis[11]. Comunista[12].	Riesgo activo. Turba[13] a otros. Valor aparente sobrepasado por las intenciones malignas ocultas.
0,5	Deficiente control funcional de sí mismo solamente.	Riesgo para la sociedad. Posible suicida. Extremadamente despreocupado de los demás.
0,1	Sin control de sí, de otros o del entorno. Suicida.	Alto riesgo. Necesita cuidado y esfuerzo de otros, sin contribuir en nada.

7 **Nivel de ética**	8 **Utilización de la verdad**		
Basa la ética en la razón. Nivel ético muy elevado.	Elevado concepto de la verdad.	**4,0**	**Escala tonal**
Sigue la ética del grupo, pero la perfecciona más, según lo exija la razón.	Veraz.	**3,5**	
Sigue la ética que le fue enseñada lo más honestamente posible. Moral[14].	Cuidadoso al aseverar verdades. Mentiras sociales.	**3,0**	
Trata la ética sin sinceridad. No es particularmente honesto o deshonesto.	Insincero. Descuidado de los hechos.	**2,5**	
Debajo de este punto: autoritario[15]. Habitual y declaradamente deshonesto cuando se presenta la oportunidad.	Tuerce la verdad para adaptarla al antagonismo.	**2,0**	
Debajo de este punto: criminal. Inmoral. Activamente deshonesto. Destructor de toda ética.	Mentira declarada y destructiva.	**1,5**	
Criminal sexual. Etica negativa. Descarriado, deshonesto sin razón. Las actividades pseudoéticas[16] ocultan la perversión de la ética.	Perversiones de la verdad ingeniosas y malignas. Con astucia, encubre la mentira.	**1,1**	
Inexistente. Sin pensamiento. Obedece a cualquiera.	Detalla hechos sin ningún concepto de su realidad.	**0,5**	
Ninguno.	Sin reacción.	**0,1**	

Escala tonal	9 Nivel de valentía	10 Conversación: al hablar Conversación: al escuchar
4,0	Alto nivel de valentía.	Fuerte, hábil, rápido y completo intercambio de creencias e ideas.
3,5	Muestra valentía en riesgos razonables.	Habla de creencias e ideas bien cimentadas. Aceptará creencias e ideas bien cimentadas; las tiene en cuenta.
3,0	Muestra valentía en forma conservadora cuando el riesgo es pequeño.	Expresión tentativa[17] de un número limitado de ideas personales. Recibe ideas y creencias si son planteadas cuidadosamente.
2,5	Ni valentía ni cobardía. Negligencia del peligro.	Conversación trivial. Escucha únicamente asuntos ordinarios.
2,0	Se lanza al peligro en forma reactiva, sin razonar.	Habla con amenazas. Invalida[18] a otras gentes. Escucha amenazas. Abiertamente, se burla de temas theta[19].
1,5	Bravura irracional, generalmente lesionándose a sí mismo.	Unicamente habla de muerte, destrucción y odio. Unicamente escucha sobre muerte y destrucción. Destruye líneas theta.
1,1	Despliegues solapados ocasionales de acción; por lo demás, cobarde.	Habla theta aparente, pero con mala intención. Escucha poco; principalmente intrigas, chismes, mentiras.
0,5	Cobardía completa.	Habla muy poco y sólo en tonos apáticos. Escucha poco; apatía o lástima principalmente.
0,1	Sin reacción.	No habla. No escucha.

11 **Utilización de la comunicación escrita o hablada cuando actúa de transmisor**	12 **Realidad[22] (acuerdo)**	**Escala tonal**
Pasa comunicación theta; contribuye a ella. Corta líneas entheta[20].	Busca diferentes puntos de vista a fin de ampliar su propia realidad. Cambia la realidad.	**4,0**
Pasa comunicación theta; se resiente y responde contra las líneas entheta.	Capacidad de comprender y evaluar las realidades de otros y de cambiar el punto de vista. Capaz de acuerdos.	**3,5**
Pasa comunicación. Conservador. Se inclina hacia construcción y creación moderadas.	Consciente de la posible validez de realidades diferentes. Acuerdo conservador.	**3,0**
Cancela cualquier comunicación de tono más alto o más bajo. Devalúa[21] emergencias.	Se niega a comparar realidades. Indiferente a un conflicto de realidades. Desinteresado a estar o no de acuerdo.	**2,5**
Se involucra en comunicación hostil o amenazadora. Sólo deja pasar muy poca theta.	Duda verbal. Defiende su propia realidad. Intenta debilitar la de otros. Refuta.	**2,0**
Desvirtúa la comunicación convirtiéndola en entheta, pese al contenido original. Detiene comunicación theta. Pasa entheta y la desvirtúa.	Destrucción de realidades opuestas. "Estás equivocado". En desacuerdo con la realidad de otros.	**1,5**
Transmite únicamente comunicación maliciosa. Corta líneas de comunicación. No transmite.	Duda de la propia realidad. Inseguridad. Duda de realidades opuestas.	**1,1**
Hace poco caso de la comunicación. No transmite.	Vergüenza, angustia, fuerte duda de su propia realidad. Es fácil imponerle la realidad ajena.	**0,5**
No transmite. Inconsciente de la comunicación.	Se retira completamente de realidades conflictivas. Ninguna realidad.	**0,1**

Escala tonal	13 Capacidad para utilización de la responsabilidad	14 Persistencia en un curso dado
4,0	Sentido inherente de responsabilidad en todas las dinámicas[23].	Persistencia creativa elevada.
3,5	Capaz de aceptar y llevar a cabo responsabilidades.	Buena persistencia y dirección hacia metas constructivas.
3,0	Utiliza la responsabilidad en forma descuidada.	Persistencia regular si los obstáculos no son demasiado grandes.
2,5	Demasiado descuidado. No es confiable.	Flojo, poca concentración.
2,0	Utiliza la responsabilidad para alcanzar sus propios fines.	Persistencia hacia la destrucción de enemigos. No hay persistencia constructiva debajo de este punto.
1,5	Acepta responsabilidad con el fin de destruir.	Persistencia destructiva que comienza con fuerza y se debilita rápido.
1,1	Incapaz, caprichoso, irresponsable.	Vacilación en cualquier curso. Muy poca concentración. Disperso.
0,5	Ninguna.	Persistencia esporádica hacia la autodestrucción.
0,1	Ninguna.	Ninguna.

15 **Literalidad en la recepción de comentarios**	16 **Método utilizado para ganarse a otros**		**Escala tonal**
Diferenciación elevada. Buena compresión de toda comunicación modificada según la educación del clear[24].	Obtiene apoyo mediante entusiasmo creativo y vitalidad respaldada por la razón.	**4,0**	
Buena captación de comentarios. Buen sentido del humor.	Obtiene apoyo mediante razonamiento creativo y vitalidad.	**3,5**	
Buena diferenciación del significado de los comentarios.	Logra apoyo mediante razonamiento práctico y cortesías sociales.	**3,0**	
Acepta muy poco, sea literal o no. Tiende a ser literal en el humor.	Desinteresado del apoyo de otros.	**2,5**	
Acepta comentarios de tono 2,0 literalmente.	Regaña y critica bruscamente para exigir el cumplimiento de sus deseos.	**2,0**	
Acepta comentarios alarmantes literalmente. Cruel sentido del humor.	Emplea amenazas, castigos y mentiras alarmantes para dominar a otros.	**1,5**	
No acepta ningún comentario. Tendencia a aceptar todo literalmente, evitada por humor forzado.	Anula a otros para rebajarlos a un nivel en el que puedan ser utilizados. Medios desviados y perversos. Hipnotismo, chismes, busca control encubierto.	**1,1**	
Aceptación literal de cualquier comentario que iguale su tono.	Turba a otros para controlarlos. Pide compasión. Grandes mentiras para obtener lástima.	**0,5**	
Completa aceptación literal.	Finje estar muerto para que los demás no le crean peligroso y se vayan.	**0,1**	

Escala tonal	17 Nivel hipnótico	18 Capacidad para experimentar placer en tiempo presente[27]
4,0	Imposible hipnotizarlo sin drogas.	La existencia la encuentra muy llena de placer.
3,5	Difícil de poner en trance[25] a menos que continúe influenciado por un engrama de trance.	Encuentra la vida placentera la mayor parte del tiempo.
3,0	Podría hipnotizarse, pero está alerta estando despierto.	A veces experimenta placer.
2,5	Puede ser sujeto a hipnosis, pero en general está alerta.	Experimenta momentos de placer. Intensidad baja.
2,0	Se resiste un poco, pero puede ser hipnotizado.	Ocasionalmente experimenta algo de placer en momentos extraordinarios.
1,5	Se resiste fuertemente ante las observaciones, pero las absorbe.	Pocas veces experimenta placer alguno.
1,1	En trance ligero permanente, pero se resiste.	La mayor parte de la alegría es forzada. Placer real fuera de alcance.
0,5	Muy hipnotizable. Cualquier observación hecha puede ser una "sugestión positiva"[26].	Ninguna.
0,1	Es igual a un sujeto hipnotizado cuando está "despierto".	Ninguna.

19 **Valor como amigo**	20 **Cuánto te quieren los demás**		
Excelente.	Amado por muchos.	**4,0**	**Escala tonal**
Muy bueno.	Bien amado.	**3,5**	
Bueno.	Respetado por la mayoría.	**3,0**	
Regular.	Querido por algunos.	**2,5**	
Deficiente.	Raramente querido.	**2,0**	
Riesgo definitivo.	Abiertamente no querido por la mayoría.	**1,5**	
Riesgo peligroso.	Generalmente despreciado.	**1,1**	
Gran riesgo.	No querido. Sólo compadecido por algunos.	**0,5**	
Riesgo total.	No se le toma en cuenta.	**0,1**	

Escala tonal	21 **Estado de tus posesiones**	22 **Cuán bien eres comprendido**
4,0	En excelente condición.	Muy bien.
3,5	En buena condición.	Bien.
3,0	Generalmente bueno.	Generalmente.
2,5	Muestran algún descuido.	Algunas veces malentendido.
2,0	Muy descuidadas.	Frecuentemente malentendido.
1,5	Frecuentemente rotas. Mal reparadas.	Continuamente malentendido.
1,1	Deficiente. En condición deficiente.	Sin comprensión real.
0,5	Generalmente en muy mala condición.	Jamás es comprendido.
0,1	No se da cuenta de las posesiones.	Ignorado.

23 Potencialidad de éxito	24 Potencialidad de supervivencia	Escala tonal
Excelente.	Excelente. Longevidad considerable.	4,0
Muy buena.	Muy buena.	3,5
Buena.	Buena.	3,0
Regular.	Regular.	2,5
Deficiente.	Deficiente.	2,0
Generalmente un fracaso.	Fallece prematuramente.	1,5
Casi siempre fracasa.	Corta.	1,1
Fracaso total.	Fallece rápidamente.	0,5
Sin esfuerzo. Fracaso completo.	Casi muerto.	0,1

NOTAS AL PIE DE PAGINA

1. inmune: se dice del organismo y de la persona que es refractario a una enfermedad.

2. susceptible: capaz de recibir modificación o impresión.

3. sedimentarias: relacionadas con materia que se va acumulando en algún lugar de un organismo.

4. endocrino: perteneciente o relativo a las hormonas o a las secreciones internas.

5. neurológico: relativo a la neurología. (Neurología: estudio del sistema nervioso y sus enfermedades.)

6. sublimar: desviar la energía de (una emoción o impulso que brota de un instinto primario) a una actividad mas alta culturalmente hablando.

7. sadismo: situación patológica del instinto sexual que se caracteriza por la obtención de placer sexual infligiendo sufrimientos a los demás.

8. impotencia: calidad de impotente. (Impotente: incapaz de engendrar o concebir.)

9. voluble: inconstante.

10. liberal: se dice de la persona que es partidaria de las ideas que defienden la libertad individual en política, economía, etc, y de su actitud, pensamiento, etc.

11. hipnosis: sueño producido por el hipnotismo.

12. comunista: partidario del comunismo. (Comunismo: sistema de organización social en el que se establece la abolición de la propiedad privada y la comunidad de bienes.)

13. turbar: alterar o interrumpir la continuidad de una acción o estado.

14. moral: sencilla, total y únicamente, que se refiere o pertenece al juicio sobre la maldad o bondad de las acciones del hombre y su carácter; se refiere al bien y al mal. Su propósito es enseñar lo bueno o correcto en lo que se refiere al carácter y a la conducta.

15. autoritario: se dice de las personas o instituciones que gobiernan con despotismo.

16. pseudo-: (prefijo) supuesto, falso.

17. tentativo: que sirve para tantear o probar una cosa.

18. invalidar: invalidación (refutar, degradar, desacreditar o negar algo que otra persona considera un hecho).

19. theta: razón, serenidad, estabilidad, felicidad, emoción de alegría, persistencia y otros factores que el hombre normalmente considera deseables.

20. entheta: significa theta (pensamiento o vida) turbada. Se refiere especialmente a las comunicaciones que, basadas en mentiras y confusiones, resultan ser denigrantes, cortantes o destructivas e intentan agobiar o suprimir a una persona o grupo.

21. devaluar: quitar valor (a una moneda u otra cosa).

22. realidad: es fundamentalmente acuerdo. Lo que concebimos que es real, es real.

23. dinámicas: en Dianética, la supervivencia se entiende como el único impulso básico de la vida a través del tiempo y del espacio, de la energía y la materia. La supervivencia se divide en ocho dinámicas. El hombre no sólo sobrevive para sí mismo, ni sólo para el sexo, ni sólo para los grupos, ni sólo para la especie humana. Evidentemente, el hombre sobrevive, al igual que otros organismos vivientes, por ocho cauces distintos; estos cauces se llaman dinámicas.

24. clear: una persona no aberrada. Es racional porque logra las mejores soluciones posibles basándose en los datos que tiene y desde su propio punto de vista. Logra el máximo placer para el organismo en el presente y en el futuro y también para los individuos de las otras dinámicas.

25. trance: estado hipnótico.

26. sugestión positiva: sugestión hecha por un operador a una persona hipnotizada con el único propósito de crear en ella un cambio en su condición mental con el sólo hecho de instilarle la sugestión. Es trasladar algo de la mente del hipnotizador a la mente del paciente. El paciente entonces lo creerá y lo considerará parte de sí mismo.

27. tiempo presente: la tierra, el cielo, las paredes y la gente del entorno inmediato. En otras palabras, la anatomía del tiempo presente es la anatomía de la habitación o zona en que te encuentras en el momento.

CAPITULO OCHO

Tests de la escala tonal

Test número uno

Haz este test antes de comenzar con la sección de procesamiento de *Autoanálisis.*

Sé justo y tan honesto como sea posible en tus hallazgos.

Usa como base la forma en que has sido en el último año. Los estados anteriores de tu vida no cuentan.

Abre la tabla por la columna 1: Comportamiento y estado fisiológico. Pregúntate lo activo que eres físicamente. Encuentra el lugar en la columna que parezca ajustarse más a ti.

Busca en la escala tonal el número que le corresponde a la casilla que encontraste. ¿Es 3,0? ¿Es 2,5?

Toma ese número y ve al gráfico que sigue a este texto.

Bajo la columna 1, según está marcado en la parte superior del gráfico, localiza el número (3,0, 2,5 o cualquiera que sea) y pon una X en esa casilla. Este es el mismo lugar del gráfico que el que encontraste en la tabla.

Pasa a la columna 2 de la tabla; nivel médico.

Encuentra la casilla cuyo texto describa mejor tu salud. Anota el número indicado en la columna de la escala tonal correspondiente a la casilla que elegiste. (3,5, 2,0 ó el que sea).

Regresa al gráfico del test 1. En la columna 2 del gráfico, marca una X en la columna 2 en el número de la escala tonal correspondiente al que encontraste en la tabla.

Sigue este proceso con todas las columnas hasta tener una X en cada columna del gráfico. Omite las seis últimas.

Toma una regla. Muévela en el gráfico, manteniéndola horizontal hasta que tengas el nivel del gráfico que contenga la mayor cantidad de X. Traza una línea a través de esas X, de toda la tabla, saliéndote de las orillas. Esta línea te dará tu posición en las últimas seis columnas.

La línea horizontal que acabas de dibujar te da tu posición en la escala tonal. Este nivel de la tabla es tu nivel.

Deja el gráfico así. Podrás compararlo dentro de unas semanas, cuando hagas el test 2.

Nota que en las columnas 4 y 10, las casillas están divididas en la misma forma que las casillas en la tabla. Para estas columnas haces dos evaluaciones y pones una X en media casilla, usando dos medias casillas para cada columna, aun cuando una X quede en 3,0 y la otra X quede en 1,1.

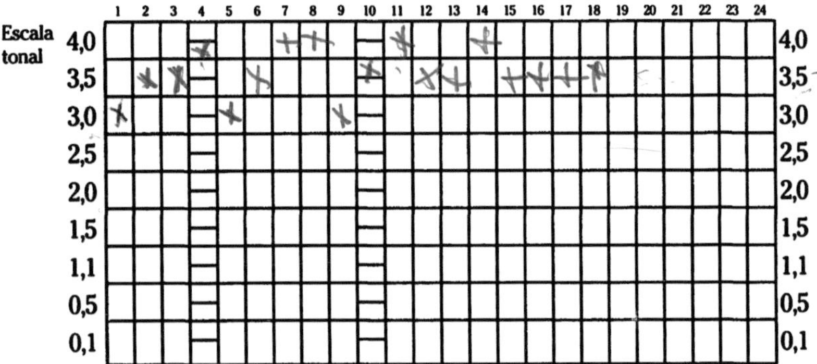

Test número dos

Haz este test después de haberte estado procesando durante aproximadamente dos semanas, o alrededor de quince horas.

Utiliza como información cómo te has sentido desde que hiciste el test número uno.

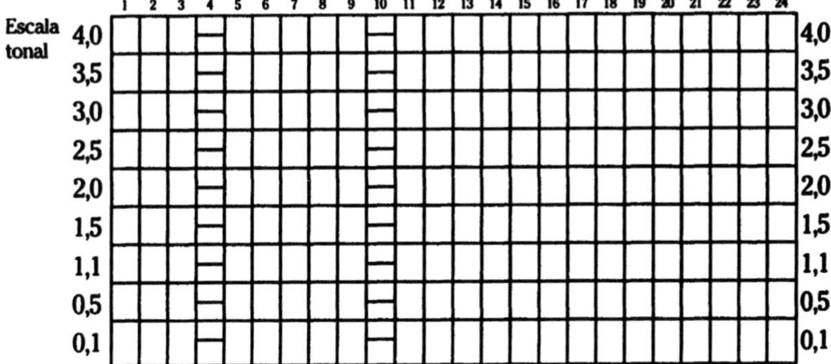

Test número tres

Haz este test después de haberte estado procesando durante dos meses.

Utiliza como información cómo te has sentido desde que hiciste el segundo test.

Emplea las mismas instrucciones que se dan para el test número uno.

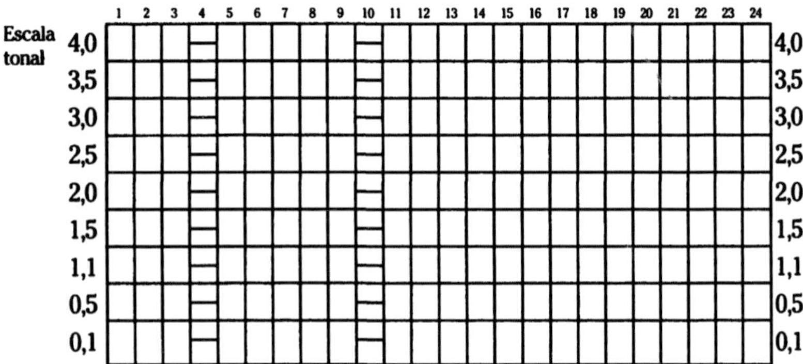

CAPITULO NUEVE

Cómo usar el disco

Un disco perforado acompaña a este libro para uso del lector. El disco debe usarse; sin él, los beneficios del procesamiento se reducen en más de un ochenta por ciento.

Coloca el disco sobre la pregunta 1 de manera que se pueda leer por él. Entonces uno recuerda[1] el incidente[2] deseado.

Después lee la palabra que hay en la parte superior de la abertura; será por ejemplo, *vista.*

Uno trata de *ver* en recuerdo el incidente deseado.

Luego uno intenta recordar otro incidente sin mover el disco. Entoces se busca *ver* este incidente al recordarlo.

Después se trata de localizar el incidente de esta clase más antiguo que se pueda, y *verlo.*

Posteriormente, se baja el disco a la siguiente pregunta girando el disco para que aparezca otro sentido sobre la abertura, que será el que se emplee al recordar ese incidente.

Se voltea el disco al final de cada página para que aparezcan otras percepciones.

No importa con qué percepción se inicie el recuerdo o con qué cara del disco.

Finalmente serás capaz de obtener más y más percepciones de cada incidente, hasta poder recuperarlas todas sin esfuerzo.

Si pierdes el disco, hay una lista de las percepciones al margen izquierdo de cada página; táchalas con un lápiz, una por una, como si aparecieran en el disco.

Un disco verde y uno blanco acompañan al libro. Usa el que más te guste.

Si sólo obtienes un concepto vago de cuál fue el sentido, o si al principio no logras obtener recuerdos verdaderos mediante el sentido, asegúrate al menos de obtener un concepto de él.

1. recordar: acordarse en tiempo presente de lo que sucedió en el pasado. No significa reexperimentar, revivir o volver a pasar por él. No significa regresar al momento en que sucedió. Sencillamente significa que estás en tiempo presente pensando o recordando, poniendo tu atención en algo que sucedió en el pasado, y lo haces en tiempo presente.

2. incidente: una experiencia, simple o compleja, relacionada por el mismo tema, lugar, percepción o personas, que tiene lugar en un período corto y finito de tiempo, como minutos, horas o días. También las imágenes mentales de dichas experiencias.

Procesamiento de Dianética

El procesamiento de Dianética se puede dividir en dos clases:

El primero es el procesamiento ligero. Esto incluye recuerdo analítico[3] de momentos conscientes. Su propósito es el de elevar el tono y aumentar la percepción y la memoria. Frecuentemente, resuelve somáticos[4] crónicos (enfermedades psicosomáticas).

El segundo es el procesamiento profundo. Este está dirigido a la causa básica y encuentra y reduce momentos de dolor físico y de aflicción. Se lleva a cabo sin hipnosis y sin drogas y lo hace un auditor. Un auditor aprende Dianética, ya sea después de un estudio a fondo del texto básico, *Dianética: El poder del pensamiento sobre el cuerpo*, o bien recibe entrenamiento profesional. Te puedes poner en contacto con auditores profesionales en cualquiera de las organizaciones que aparecen en la lista del final de este libro.

Este libro contiene procesamiento ligero. Este libro no es "autoauditación". La "autoauditación" es prácticamente imposible. En el presente libro, el autor, L. Ronald Hubbard, está en realidad dando al lector procesamiento ligero.

3. analítico: capaz de resolver problemas o situaciones. La palabra analítico viene del griego "analysis" que significa descomponer, deshacer, desatar; en otras palabras separar algo pieza por pieza para ver de qué está hecho. Esta palabra es un ejemplo de las limitaciones del lenguaje usual, ya que ningún diccionario relaciona la palabra "analítico" con el pensamiento, la razón, la percepción, lo que es, en esencia, su significado real.

4. somático: sensación del cuerpo, enfermedad, dolor o incomodidad. Soma significa cuerpo. Por lo tanto, psicosomático se refiere a los dolores que provienen de la mente.

CAPITULO DIEZ

Sección de procesamiento

Aquí comienzan las listas de preguntas mediante las que el individuo puede explorar su pasado y mejorar sus reacciones hacia la vida. Hablando en términos de Dianética, esta sección de autoprocesamiento se podría llamar *"línea directa*[1]". No es realmente autoprocesamiento. En realidad, es el autor quien a través de las páginas de este libro está procesando al lector.

En uso pleno de Dianética, estas preguntas podrían considerarse como preparatorias a la coauditación. El auditor es auxiliado por estas listas en cuanto a que abren un caso[2] para el recorrido de engramas y secundarias y elevan al preclear[3] en la escala tonal. Estas secciones de preguntas, por lo que hasta el momento sabemos, no habrán de borrar secundarias[4] y engramas como tales, pero sí los desintensifican en grado notable, con la consiguiente mejoría del ser mental y físico del individuo.

Un auditor (como se llama al practicante de Dianética, ya que tanto escucha como calcula) puede usar estas preguntas durante una sesión con un preclear. Además, dos personas pueden trabajar con estas secciones (una de ellas haciendo las preguntas y la otra respondiendo) o ambas pueden leer las preguntas y tratar de obtener un recuerdo de un incidente como el que se pide.

Estas listas se usan en forma reiterativa; eso quiere decir que el individuo las recorre una y otra y otra vez. No hay un período limitado para el trabajo. La razón de que sea importante el recuerdo de estas preguntas es que revelan y descargan candados[5] que

1. línea directa: los ejercicios de memoria designados como "línea directa" se forjaron originalmente a partir de la fórmula de causa y efecto. Describimos esto como la acción de tender una línea desde tiempo presente hasta un incidente del pasado en forma directa sin ninguna desviación.

2. abrir un caso: al comenzar un caso podemos decir que estamos tratando de liberar tantas unidades de atención como sea posible, tan rápido como sea posible. (Unidades de atención: cantidad consciente de energía theta que existe en la mente y que varía de persona a persona.)

3. preclear: cualquier persona que ha comenzado el procesamiento de Dianética.

4. secundaria: un imagen mental de un momento de pérdida severa o impactante o de amenaza de pérdida que contiene una emoción desagradable como enojo, miedo, pesar, apatía o sensación de muerte.

5. candado: una imagen mental de un incidente en el que a sabiendas o no se nos recordó una secundaria o un engrama. No contiene inconsciencia. Puede contener una sensación de dolor, enfermedad, etc., pero no es en sí la fuente de ella.

se han formado sobre los engramas básicos[6] y las secundarias. El hecho de descargar estos candados vuelve relativamente inefectivos a los engramas y a las secundarias. Un clearing[7] de Dianética total de los engramas y secundarias del individuo proporciona los más elevados resultados que se pueden obtener, pero estas preguntas son un auto-procesamiento que prepara el caso para tal acción; y por sí mismas, dichas preguntas son altamente beneficiosas.

En el proceso de emplear estas preguntas, el preclear puede descubrir en sí mismo muchas manifestaciones. Puede experimentar una considerable liberación emocional. Puede enojarse al recordar algunas de las cosas que le han sucedido e incluso puede sentir deseos de llorar por algunas de las pérdidas que ha sufrido; y en realidad, bien puede ser que llore. Sin embargo, la intención de estas preguntas no es la de enfocar la atención del preclear a las cosas malas que le han sucedido, sino a las cosas buenas que le han ocurrido en su vida. Una concentración en estas circunstancias más felices tiende a descargar las circunstancias dolorosas y a restarles fuerza.

Estas preguntas se basan en los descubrimientos de Dianética, los axiomas[8] y postulados que tanto han contribuido a ampliar la comprensión de la gente con respecto a la naturaleza de la existencia y el papel que las personas tienen en ella. Puede considerarse que la vida tiene como propósito fundamental la supervivencia en el universo material. Cuando uno examina cuidadosamente la supervivencia, descubre que ese concepto abarca todas las actividades de un individuo, un grupo, un estado, la vida misma o el universo material.

El universo material está compuesto de materia, energía, espacio y tiempo. Se puede considerar entonces que la vida está ocupada en la conquista de materia, energía, espacio y tiempo, incluyendo otras formas de vida, organismos y personas. Si un organismo o un grupo ha tenido éxito al controlar a otros organismos, grupos y al universo material, su potencialidad de supervivencia es muy grande. Si no lo ha tenido, su potencialidad de supervivencia está más baja. Sus momentos de éxito, como sus momentos de dolor, están altamente cargados[9]. Es posible, mediante ciertos procesos, eliminar la carga de los incidentes dolorosos. Una de las maneras de hacer esto es poner el énfasis y la concentración del organismo en ocasiones en que ha tenido éxito en sobrevivir.

6. básico: la primera experiencia registrada como imagen mental de ese tipo de dolor, sensación, incomodidad, etc. El básico es simplemente el más antiguo.

7. clearing: el clearing no es más que recuperar la consciencia de que uno es uno mismo y recuperar la confianza.

8. axiomas: enunciados de leyes naturales del tipo de los de las ciencias físicas.

9. carga: energía almacenada o energía potencial almacenada que puede ser recreada.

Con la invención del lenguaje, el hombre se echó encima una inesperada fuente de aberración. Aunque el lenguaje en sí no es, ni mucho menos, toda la razón de que un organismo sea menos exitoso de lo que podría ser, nuestro actual orden social da una importancia indebida al lenguaje. Las palabras son solamente símbolos que representan acciones. Un niño aprende estas acciones a muy temprana edad y aprende los símbolos que representan las acciones. Más tarde empieza a confundir la acción con el símbolo y empieza a creer que las palabras en sí tienen fuerza y poder; esto no es así. Si crees que las palabras tienen fuerza y poder, pon tu mano frente a tu boca y di algunas palabras. Verás cuán mínima es la fuerza del lenguaje, no importa cuáles sean las palabras que uses. Debajo de esta importancia que se da a la fuerza de las palabras, yacen las verdaderas acciones físicas de las que las palabras son símbolos. Por lo tanto, la cuestión principal es que las palabras no son poderosas, pero las acciones sí lo son. Por ejemplo, cuando un individuo ha recibido la orden de estarse quieto, obedece simplemente porque ha experimentado antes, en su vida, la acción de obligarlo a estarse quieto, habiéndose empleado la fuerza física.

Por muchas razones, es importante que el organismo aumente su movilidad. El descubrimiento de todas las veces en que se le ha dicho al organismo que se esté quieto y ha obedecido tiene un valor terapéutico; pero el descubrimiento de incidentes reales, en que el organismo ha sido físicamente forzado a permanecer inmóvil, es mucho más importante en la restauración de la movilidad del organismo.

Estas listas, por tanto, tienden a devaluar la importancia del lenguaje. Esta es solamente una de sus muchas funciones, pero es importante; por lo tanto, la lectura de estas listas debe dirigir al individuo a momentos en que hubo acción, y no cuando alguien dijo que había habido acción. Al igual que la prueba de oídas no es admisible en un tribunal de justicia, así las palabras y frases dadas al individuo por otras personas no lo son para efectos de este procesamiento. Por ejemplo, cuando se le pide a uno que indique una vez que alguien se fue, uno no debe de recordar el momento cuando alguien dijo que alguien se había ido, o la declaración de que alguien se iba, sino la verdadera partida física, sin importar lo que se haya dicho.

Se verá que las palabras se comunican a través del universo físico a otros organismos. Los sonidos, por ejemplo, se originan en el interior del organismo, son traducidos en ondas sonoras y llegan a la otra persona como ondas sonoras. La palabra escrita es transformada en símbolos de tinta, que entonces son vistos (el otro hecho físico de la luz) por algún otro organismo. Aunque bien puede haber cosas como la ESP[10], esto no es aberrante.

Existen muchas percepciones, es decir, muchos conductos, a través de los cuales se puede establecer contacto con el universo físico. Tienes consciencia del universo físico debido a la vista, el sonido, la boca y otros sistemas de mensajes. Por lo tanto, cada vez que se pide recordar un incidente de cierto tipo, se te pedirá, después de haberlo recordado, que prestes atención a un cierto conducto sensorial que estaba en funcionamiento en el momento en que experimentaste el incidente. Para este propósito se proporciona un disco. Notarás que el disco tiene dos caras. Las percepciones o mensajes sensoriales indicados en una cara son diferentes a los de la otra cara. Conforme leas las preguntas una tras otra, debes leerlas por la abertura del disco. Al pasar a la siguiente pregunta debes girar el disco en sentido contrario a las manecillas del reloj hasta que la siguiente abertura quede en posición horizontal. Esto te dará una nueva percepción. Por ejemplo, la pregunta puede referirse a una ocasión en la que alguien se alejó de ti. Recordarás una ocasión en que esto sucedió, seleccionando el momento de la partida física real. Sin duda, obtendrás una percepción de la escena y puedes incluso llegar a obtener una percepción bastante completa de la escena. Mucha gente ve, siente, escucha y percibe recuerdos de diversas maneras. Algunas personas están demasiado ocluidas[11]. Estas listas acaban con la oclusión. Conforme recuerdas entonces a la persona alejándose de ti, no se espera que recuerdes solamente el concepto de que alguien se alejó, sino el momento en que el hecho sucedió y que obtengas tantas percepciones como puedas del hecho. Al poner el disco sobre esta pregunta, tendrá sobre la abertura alguna percepción específica. Esta percepción puede ser *sonido*; entonces, debes tratar de recuperar cualesquiera sonidos que estaban presentes cuando este individuo se alejó, poniendo especial énfasis en esa percepción. *Si no puedes recuperar los sonidos como tales, oyéndolos otra vez, recupera por lo menos el concepto de cuáles pudieron haber sido.*

Si examinas este disco, te darás cuenta de que indica seis percepciones con las que te has puesto en contacto con el universo físico. De hecho hay muchas más que estas seis.

Si la palabra que aparece en la parte superior de la pregunta es *emoción*, después de haber recordado el incidente que te pide la pregunta, trata entonces de recordar la emoción que sentiste en ese

10. ESP: percepción extrasensorial (*extrasensory perception*): percepción o comunicación fuera de la actividad sensorial normal, como en la telepatía y en la clarividencia.

11. ocluido: memoria no disponible para ser recordada. Quien esté ocluido tendrá mala memoria y recuerdos deficientes del pasado.

momento, y si es posible, de sentirla de nuevo. Cuando se aborda la siguiente pregunta, se da una vuelta al disco en el sentido contrario a las manecillas del reloj. Encontrarás que *volumen* está ahora sobre la abertura. Debes recordar el incidente que te pide la pregunta y, habiéndolo percibido, debes poner tu atención en particular en el volumen de los diversos sonidos que hay en el incidente.

Cuando continúes con la siguiente pregunta, deberás girar el disco una vez más en sentido contrario a las manecillas del reloj. Encontrarás que sobre la abertura aparece *posición del cuerpo*. Debes leer la pregunta y recordar el incidente que te sugiere, percibirlo tan bien como puedas y después prestarle atención en particular a la posición que tu propio cuerpo tenía en el momento en que ocurrió el incidente. Al pasar a la siguiente pregunta y girar una vez más el disco, encontrarás que *sonido* está sobre la abertura. Deberás recordar el incidente que pide la pregunta y después debes prestar especial atención a los sonidos de ese incidente. Continuando con la siguiente pregunta y girando el disco una vez más, encontrarás que *peso* está sobre la abertura. En el incidente que recuerdes, deberás prestarle especial atención al peso de las cosas, incluyendo la influencia de la gravedad en ti y el peso de cualquier cosa que estés sosteniendo en el incidente, tal como ropa, una pelota o cualquier otra cosa que estés sosteniendo en el momento en que ocurrió el incidente.

Al rotar el disco una vez más en la siguiente pregunta de la lista, verás que aparece *movimiento personal*. Cuando hayas respondido a la pregunta, entonces debes poner atención en el movimiento que estabas llevando a cabo en el momento en que ocurrió el incidente.

Cada vez que pases a una nueva página deberás dar la vuelta al disco. Encontrarás ahí un nuevo grupo de percépticos[12]. Por supuesto, éstos se aplican de tal manera que cuando repases la lista por segunda vez, probablemente no tendrás el mismo percéptico ya que estas cosas caen al azar. Así que, aunque puedas haber contestado una pregunta la primera vez sobre alguien que se acercaba y hayas puesto atención en el sonido pedido por el disco, la siguiente ocasión que llegues a esta pregunta al repasar la lista, puedes encontrar *emoción* en la parte superior. Debes contactar todas y cada una de las emociones la segunda vez, mientras que la primera vez habías contactado *sonido*. En el reverso del disco encontrarás las percepciones de *vista, olfato, tacto, color, tono y movimiento externo. Vista* es lo que de hecho viste en ese momento. Una persona con su percepción en buen estado, verá de nuevo lo que vio antes, cuando el incidente ocurrió realmente. Así, en *vista*, se pide lo que vio mientras ocurría el incidente indicado. *Olfato*

12. percéptico: cualquier mensaje de los sentidos, como vista, sonido, olfato, etc.

requiere que el individuo recuerde todos y cada uno de los olores presentes en la escena que está recordando. *Tacto* requiere el recuerdo de cualquier cosa que el individuo haya estado tocando en esa ocasión, así como la sensación de tacto incluyendo la presión. En lo que se refiere al tacto, siempre se está en contacto con el universo material, aunque sea sólo el tacto de los pies con el piso o la sensación de la ropa sobre el cuerpo. Cuando aparece la percepción de *color* en la parte superior del disco, la persona tratará de percibir de nuevo el color que contenía la escena que se pide. Cuando se pide *tono*, la persona tratará de localizar la calidad del sonido que había cuando ocurrió la escena. Cuando aparece *movimiento externo* en la parte superior, al recordar el incidente que pide la pregunta, la persona tratará de percibir el movimiento que contiene el incidente, el movimiento de otras personas, de objetos o de energía.

Conforme uno repasa estas preguntas en el disco, está explorando su propia vida; y al hacerlo, trata de traer a la luz, con el nivel más alto posible de realidad, las cosas que ha percibido. El resultado inmediato es que se eleva la percepción del mundo de tiempo presente. Otro resultado es el fortalecimiento de la memoria. Otro resultado más es la reestructuración y reevaluación de las cosas que han sucedido. Otro resultado más automático y fundamental es el de quitar intensidad a las experiencias desagradables al traerlas a la luz. Por un momento, uno puede llegar a pensar que sería mejor olvidar las cosas desagradables. Si se olvidan, tienen más fuerza y calidad destructora que cuando se las examina.

Conforme usas una lista repetidamente, te encontrarás obteniendo incidentes cada vez más anteriores; no es imposible que recuerdes el principio mismo de tu vida; mucho menos de tu infancia.

Una vez más, y todas las veces que se diga son pocas, estas preguntas piden acciones físicas reales, no comentarios sobre acciones físicas. Es perfectamente razonable recordar escenas que se han visto en el cine o sobre las que se ha leído en libros; pero cuando uno recuerde escenas así, debe estar completamente consciente, en el caso de las películas, de la pantalla y del asiento y de dónde y cuándo está ocurriendo el incidente. En el caso de los libros, no se debe buscar la escena que el autor habría querido que tuviera el lector, sino la escena real de estar leyendo, y el recuerdo debe volver a captarse en términos de la palabra impresa y de estar sentado en una silla, no en términos de estar imaginando.

Estas preguntas están respaldadas por una buena cantidad de tecnología que no se ve a primera vista. Lo importante es que con esta operación, continuada con constancia, al repasar una lista y luego otra y al recordar las cosas que se piden, se mejora considerablemente la capacidad de pensar y actuar del individuo, así como su bienestar físico, y se mejora considerablemente su relación con el entorno actual.

Encontrarás que la última lista se llama "Lista de fin de sesión". Esto significa que cuando has completado una lista, o después de que has trabajado en ella el tiempo deseado, durante cualquier período de procesamiento, debes remitirte a la "Lista de fin de sesión" y contestar las preguntas como una operación de rutina.

Encontrarás también una lista que se llama "Si estás incómodo"; es la penúltima del libro. Si durante una sesión de autoprocesamiento encuentras que te estás poniendo considerablemente incómodo o triste, debes remitirte a la lista "Si estás incómodo". Su uso te devolverá rápidamente tu buen humor.

Si te resulta tremendamente difícil recordar alguna pregunta de estas listas, simplemente déjala y pasa a la siguiente. Si encuentras que estás teniendo problemas para contestar cualesquiera de estas listas, te irá mejor si consigues que un amigo te las lea.

Si el someterte a autoprocesamiento te hace tremendamente infeliz, es probable que tu caso deba recibir la atención de un auditor de Dianética, hasta que llegues al punto de poder resolver el asunto por ti mismo.

Puedes repasar muchas veces una lista antes de pasar a la siguiente o puedes continuar recorriendo todas las listas consecutivamente sin repetir ninguna. Probablemente, encontrarás que repasar una lista muchas veces antes de pasar a la siguiente funcionará mejor que recorrer las listas en forma consecutiva. Notarás que después de haber repasado el mismo recuerdo varias veces, aunque sea uno desagradable, dejará de causar un efecto en ti. Esto significa que su intensidad está disminuyendo y que se está disipando la energía que contenía y que estaba afectando a tu vida en tiempo presente. Si puedes recordar varios incidentes del mismo tipo, hazlo; si te causa problemas, simplemente repasa las cosas que recordaste, una tras otra, una y otra vez. En Dianética, esto se llama "línea directa reiterativa"[13]. Le resta intensidad a los recuerdos desagradables. Estas listas, sin embargo, están enfocadas hacia el recuerdo de incidentes agradables. Los incidentes agradables no pierden intensidad como los recuerdos desagradables, pero por debajo del nivel de atención, les quitan intensidad a los incidentes desagradables.

En realidad todo lo que necesitas para usar estas listas es saber qué acciones, y no qué palabras, se requieren; y saber también que debes usar el disco para ver qué tipo particular de recuerdo debes tener en la pregunta que se te hace. Si pierdes el disco, notarás que al

13. línea directa reiterativa: línea directa a un incidente, una y otra vez hasta aliviar el incidente.

margen izquierdo de la página hay para tu referencia una lista de percepciones. Cuando uses la lista que está al margen izquierdo de la página sólo debes tomar los recuerdos y las percepciones consecutivamente una tras otra, de la misma manera que lo harías con el disco.

No contestes simplemente sí o no a las preguntas. Selecciona un momento real de tu vida requerido por la pregunta. Trata de volver a sentir ese momento con el percéptico que se indique en el disco.

Si al repasar las preguntas te entristeces, sencillamente continúa con la lista en que estás trabajando, una y otra vez. La tristeza debe agotarse después de recordar muchas veces incidentes tristes. Ese sentimiento se convertirá en alivio.

Algunas personas se asustan con la idea de perseverar con estas listas. Tú, por supuesto, eres mucho más valiente. Lo peor que pueden hacer es matarte.

No te sorprendas si sientes sueño después de usar algunas de estas preguntas. El sueño es sólo un síntoma de relajación. Este libro por lo menos podrá servirte como sustituto de sedantes[14].

Si comienzas a bostezar mientras contestas las preguntas, es bueno. Al bostezar descargas períodos pasados de inconsciencia. Puedes bostezar tanto que te salgan las lágrimas. Vas bien.

Si llegaras a sentirte muy embotado mientras contestas estas preguntas, se tratará sólo de un "boil-off" es decir, la manifestación de que se están disipando períodos anteriores de inconsciencia. Sencillamente continúa recorriendo el incidente o bien otros incidentes parecidos y la sensación desaparecerá, dejándote más alerta que antes. Si interrumpes este "boil-off" y paras la sesión, puedes sentirte molesto o irritable. Este embotamiento casi alcanza, ocasionalmente, la inconsciencia total, pero desaparece siempre. Esta inconsciencia era lo que evitaba que estuvieses en lo más alto de la escala tonal.

Ocasionalmente, pueden aparecer y desaparecer dolores ligeros e incluso agudos mientras contestas las preguntas. No trates de averiguar de dónde vienen. Desaparecerán si continúas con las preguntas. Sencillamente ignóralos; son sólo los fantasmas de lo que solía llamarse enfermedades psicosomáticas, lesiones pasadas reestimuladas[15].

Estas acumulaciones de dolor e inconsciencia del pasado suprimen al individuo. El autoanálisis *hace que desaparezcan estos momentos y les resta intensidad, al menos parcialmente, sin que tengas que averiguar qué contenían.*

14. sedante: que seda. (Sedar: calmar, apaciguar, sosegar la excitación o un dolor físico o moral.)

15. reestimular: la reactivación de un recuerdo del pasado debido a circunstancias similares del presente que aproximan circunstancias del pasado.

En La ciencia de la supervivencia, *el popular texto sobre Dianética, aparece una descripción completa de estas manifestaciones y sus causas.*

Importante:
Usa estas listas muchas veces.
Trata de encontrar el incidente más antiguo que puedas en cada pregunta.

Incidentes generales

El propósito de esta lista es darte práctica en recordar cosas. Usa el disco que está en la parte anterior del libro, y busca al principio de esta sección las instrucciones para usar esta lista.

Puedes recordar una ocasión en que:

- ☐ *Vista*
- ☐ *Olfato*
- ☐ *Tacto*
- ☐ *Color*
- ☐ *Tono*
- ☐ *Movimiento externo*
- ☐ *Emoción*
- ☐ *Volumen*
- ☐ *Posición del cuerpo*
- ☐ *Sonido*
- ☐ *Peso*
- ☐ *Movimiento personal*

1. Fuiste feliz.
2. Acababas de construir algo.
3. La vida era alegre.
4. Alguien te había dado algo.
5. Comiste algo sabroso.
6. Tenías un amigo.
7. Te sentiste vigoroso.
8. Alguien te estaba esperando.
9. Condujiste rápido.
10. Viste algo que te gustó.
11. Adquiriste algo bueno.
12. Tiraste algo malo.

13. Besaste a alguien que te gustaba.

14. Te reíste de un chiste.

15. Recibiste dinero.

16. Te sentiste joven.

17. Te gustó la vida.

18. Jugaste un juego.

19. Venciste algo peligroso.

20. Adquiriste un animal.

21. Alguien pensó que eras importante.

22. Perseguiste algo malo.

23. Te sentiste entusiasta.

24. Poseíste algo.

25. Gozaste la vida.

26. Fuiste rápido.

27. Gozaste una buena holganza.

28. Te sentiste fuerte.

29. Alguien que no te gustaba se fue.

- ☐ *Vista*
- ☐ *Olfato*
- ☐ *Tacto*
- ☐ *Color*
- ☐ *Tono*
- ☐ *Movimiento externo*
- ☐ *Emoción*
- ☐ *Volumen*
- ☐ *Posición del cuerpo*
- ☐ *Sonido*
- ☐ *Peso*
- ☐ *Movimiento personal*

30. Alguien te ayudó.

31. Acumulaste algo bueno.

32. Mediste algo.

33. Tuviste un viaje placentero.

34. Encendiste una luz.

35. Oíste algo de buena música.

36. Controlaste algo.

37. Destruiste algo.

38. Dominaste algo.

39. Tuviste suerte.

40. Te sentiste apacible.

41. Viste una escena bonita.

42. Serviste alguna bebida buena.

43. Adquiriste algo que estaba escaso.

44. Hiciste gritar a un enemigo.

45. Tuviste un asiento cómodo.

46. Manipulaste bien algo (verdadera manipulación física).

- ☐ *Vista*
- ☐ *Olfato*
- ☐ *Tacto*
- ☐ *Color*
- ☐ *Tono*
- ☐ *Movimiento externo*
- ☐ *Emoción*
- ☐ *Volumen*
- ☐ *Posición del cuerpo*
- ☐ *Sonido*
- ☐ *Peso*
- ☐ *Movimiento personal*

- ☐ *Vista*
- ☐ *Olfato*
- ☐ *Tacto*
- ☐ *Color*
- ☐ *Tono*
- ☐ *Movimiento externo*
- ☐ *Emoción*
- ☐ *Volumen*
- ☐ *Posición del cuerpo*
- ☐ *Sonido*
- ☐ *Peso*
- ☐ *Movimiento personal*

47. Moviste algo.
48. Observaste algo rápido.
49. Estabas con amigos.
50. Ocupaste un buen espacio.
51. Alguien te amó.
52. Disfrutaste de alguien.
53. Inventaste algo.
54. Controlaste una energía.
55. Mataste un insecto.
56. Te embolsaste algo.
57. Progresaste.
58. Caminaste.
59. Ahorraste algo.
60. Paraste una máquina.
61. Pusiste en marcha una máquina.
62. Dormiste bien.
63. Detuviste a un ladrón.

- ☐ *Vista*
- ☐ *Olfato*
- ☐ *Tacto*
- ☐ *Color*
- ☐ *Tono*
- ☐ *Movimiento externo*
- ☐ *Emoción*
- ☐ *Volumen*
- ☐ *Posición del cuerpo*
- ☐ *Sonido*
- ☐ *Peso*
- ☐ *Movimiento personal*

64. Estuviste de pie bajo algo.

65. Encendiste un fuego.

66. Subiste unas escaleras.

67. Estabas calentito.

68. Montaste a caballo.

69. Fuiste hábil.

70. Nadaste.

71. Te mantuviste firme.

72. Viviste bien.

73. Se te respetó.

74. Ganaste una carrera.

75. Comiste bien.

Orientación en el tiempo

El propósito de esta lista es ayudar a tu sentido general del tiempo en relación a períodos de tu vida. Cada persona tiene un registro completo de todo lo que le ha sucedido durante su vida. Es posible que la persona no pueda recordar inmediatamente algunos períodos. Se dice que estos períodos están ocluidos. Trabajando con estas listas en general, al recordar la vida desaparecen gradualmente tales períodos ocluidos, con el consiguiente mejoramiento del propio bienestar físico y mental y de la percepción del entorno en tiempo presente. En Dianética, se considera que cada persona tiene una banda temporal[1]. Todo lo que el individuo ha percibido a lo largo de su vida se registra en esta banda temporal, desde el principio hasta el fin. Es peligroso tener oclusiones, ya que la información de la zona ocluida se vuelve compulsiva y origina una conducta que no es la óptima. El propósito de esta lista es ordenar la banda temporal en general. No te desanimes si no puedes recordar el instante real del recuerdo. Obtén primero el recuerdo. Si puedes contestar las preguntas restantes, hazlo.

Puedes recordar un incidente que sucedió:

- ☐ *Vista*
- ☐ *Olfato*
- ☐ *Tacto*
- ☐ *Color*
- ☐ *Tono*
- ☐ *Movimiento externo*
- ☐ *Emoción*
- ☐ *Volumen*
- ☐ *Posición del cuerpo*
- ☐ *Sonido*
- ☐ *Peso*
- ☐ *Movimiento personal*

1. Hace mucho tiempo. (¿el año?, ¿el mes?, ¿la hora?)
2. Ayer. (¿la hora?, ¿la fecha?)
3. El mes pasado. (¿la posición del sol?)
4. Cuando eras muy pequeño. (¿la ropa que usaba la gente?, ¿la posición del sol?)

1. **banda temporal: consiste en todos los momentos consecutivos del "ahora" desde el momento más antiguo de la vida de un organismo hasta el tiempo presente.**

5. Cuando tenías la mitad de la estatura actual. (¿la estatura de otros en ese tiempo?)

6. Cuando tenías un tercio del peso actual. (¿posición del sol?)

7. Cuando tu madre se veía más joven. (¿su ropa y la posición del sol?)

8. Cuando te sentías ágil. (¿el año?, ¿la hora?)

9. La Navidad pasada. (¿la hora del día?)

10. Tu quinta Navidad. (¿la ropa de otros?)

11. Tu octavo cumpleaños. (¿el mobiliario?)

12. Un cumpleaños. (¿apariencia de otros?, ¿año?, ¿posición del sol?)

13. Este día el año pasado. (¿la casa en que vivías?, ¿la fecha y la estación?)

14. Hoy al mediodía.

15. En un banquete. (¿ropa de las personas presentes?)

16. En una boda. (¿el año?, ¿estación?)

17. En un nacimiento. (¿estación?)

- ☐ *Vista*
- ☐ *Olfato*
- ☐ *Tacto*
- ☐ *Color*
- ☐ *Tono*
- ☐ *Movimiento externo*
- ☐ *Emoción*
- ☐ *Volumen*
- ☐ *Posición del cuerpo*
- ☐ *Sonido*
- ☐ *Peso*
- ☐ *Movimiento personal*

18. En una cita con alguien. (¿peinado?)

19. Con relación a un reloj. (¿posición del sol?)

20. Con relación a un reloj de pulsera. (¿movimiento del segundero?)

21. Con un animal. (¿cuando era más pequeño?)

Puedes recordar incidentes que contrasten (comparen):

1. Ropa de hoy y ropa de cuando eras pequeño.

2. Un peinado de ahora y un peinado de cuando eras adolescente.

3. Algo que ahora es viejo cuando era nuevo.

4. Algo que era pequeño que ahora es grande.

5. Algo que ahora es viejo cuando era joven.

6. La forma en que el sol brilla en la mañana y en la tarde.

7. El invierno con el verano.

8. La primavera con el invierno.

- ☐ *Vista*
- ☐ *Olfato*
- ☐ *Tacto*
- ☐ *Color*
- ☐ *Tono*
- ☐ *Movimiento externo*
- ☐ *Emoción*
- ☐ *Volumen*
- ☐ *Posición del cuerpo*
- ☐ *Sonido*
- ☐ *Peso*
- ☐ *Movimiento personal*

9. El otoño con la primavera.

10. El amanecer con el ocaso.

11. Una sombra en la mañana y una sombra al anochecer.

12. Ropa que ahora es vieja cuando era nueva.

13. Una casa ahora donde no la había.

14. Un espacio abierto que está ahora dividido.

15. Un rato largo y un rato corto.

16. Un cigarro cuando estaba encendido y cuando estaba apagado.

17. El principio y el final de una carrera.

18. La hora de acostarse y la hora de levantarse.

19. La escuela en la mañana y la salida en la tarde.

20. Tu estatura ahora y cuando eras pequeño.

21. Un día nublado y un día lleno de sol.

- ☐ *Vista*
- ☐ *Olfato*
- ☐ *Tacto*
- ☐ *Color*
- ☐ *Tono*
- ☐ *Movimiento externo*
- ☐ *Emoción*
- ☐ *Volumen*
- ☐ *Posición del cuerpo*
- ☐ *Sonido*
- ☐ *Peso*
- ☐ *Movimiento personal*

22. Tiempo tempestuoso y tiempo de lluvia.

23. Algo caliente y cuando se enfrió.

24. Algo joven y algo viejo.

25. Un latido de corazón rápido y un latido de corazón lento.

- ☐ *Vista*
- ☐ *Olfato*
- ☐ *Tacto*
- ☐ *Color*
- ☐ *Tono*
- ☐ *Movimiento externo*
- ☐ *Emoción*
- ☐ *Volumen*
- ☐ *Posición del cuerpo*
- ☐ *Sonido*
- ☐ *Peso*
- ☐ *Movimiento personal*

26. Cuando estabas acalorado y cuando tenías frío.

27. Cuando tenías mucho espacio y cuando tenías poco espacio.

28. Cuando la luz era brillante y cuando era opaca.

29. Cuando un fuego ardía con resplandor y cuando se apagó.

30. Un objeto construido a medias y cuando se empezó.

31. La misma persona cuando era grande y cuando era pequeña.

32. Cuando te sentías pequeño y cuando te sentiste mayor.

33. La mañana de ayer con esta mañana.

- ☐ *Vista*
- ☐ *Olfato*
- ☐ *Tacto*
- ☐ *Color*
- ☐ *Tono*
- ☐ *Movimiento externo*
- ☐ *Emoción*
- ☐ *Volumen*
- ☐ *Posición del cuerpo*
- ☐ *Sonido*
- ☐ *Peso*
- ☐ *Movimiento personal*

34. Un calendario completo y cuando tenía sus hojas arrancadas.

35. Un reloj parado y un reloj funcionando.

36. El movimiento del sol y el movimiento de la luna.

37. Cuando te sentías cansado y cuando te sentiste vigoroso.

38. Los coches de antaño y los coches de ahora.

39. Cuando empezaste esta lista y al comenzar esta pregunta.

Orientación de los sentidos

Esta lista está preparada especialmente para hacerte notar la existencia de muchos de los conductos por los cuales te percibes a ti y al universo físico que te rodea. Aunque cada una de las preguntas enumeradas pertenece a un conducto sensorial específico, tal como la luz o el sonido, el disco se puede seguir utilizando, ya que lo que se requiere son momentos específicos en que estabas utilizando varios sentidos, y cualquier momento específico incluye muchos otros mensajes sensoriales diferentes al que se está pidiendo. Por lo tanto, utiliza el disco como en cualquier otra pregunta; y después que hayas recordado el incidente específico pedido en la pregunta, trata de recordarlo con especial atención en el sentido que se encuentra en la parte superior del disco en este momento.

Sentido del tiempo

Toda persona tiene un sentido del tiempo. Este sentido se puede aberrar. La existencia de relojes en cada mano parece decirnos la necesidad que tenemos de asistencia mecánica para saber qué hora es. La primera persona que tuvo el sentido del tiempo aberrado o desarreglado hizo deseable el primer reloj, pero únicamente para ella. Los relojes y los calendarios son símbolos artificiales que representan el tiempo, el cual es algo verdaderamente útil y puede ser percibido directamente por el individuo. Esta sección y casi todas las demás secciones de estas listas rehabilitan el sentido del tiempo.

En la mente de la mayoría de las personas, el tiempo está confundido con el espacio. Las palabras que describen el tiempo son a la vez palabras que describen el espacio, lo cual manifiesta que el hombre presta una atención indiferente a su sentido del tiempo. El organismo mide el tiempo en muchas formas, pero principalmente en términos de movimiento y crecimiento o decadencia. El cambio es el símbolo más notable del paso del tiempo, pero hay un sentido directo del tiempo que cada cual tiene, aun cuando pueda estar ocluido por una sociedad que, al usar relojes y calendarios, parece invalidar el hecho de que existe. No deberías tener ningun tipo de confusión acerca del tiempo.

Puedes recordar una ocasión en que:

- ☐ *Vista*
- ☐ *Olfato*
- ☐ *Tacto*
- ☐ *Color*
- ☐ *Tono*
- ☐ *Movimiento externo*
- ☐ *Emoción*
- ☐ *Volumen*
- ☐ *Posición del cuerpo*
- ☐ *Sonido*
- ☐ *Peso*
- ☐ *Movimiento personal*

1. Era muy tarde.
2. Llegaste temprano.
3. Tuviste que esperar.
4. Tuviste que estar parado un rato sosteniendo un peso.
5. Fuiste muy rápido.
6. Abarcaste un gran espacio.
7. Te tomaste mucho tiempo (cuando realmente lo hiciste, no cuando alguien dijo que lo hiciste).
8. Un objeto se paró (no un reloj).
9. Había un espacio de gran longitud.
10. Había un espacio de corta longitud.
11. Un objeto moviéndose.
12. Un animal moviéndose.
13. La manecilla de un reloj moviéndose.
14. Un objeto redondo.

- ☐ *Vista*
- ☐ *Olfato*
- ☐ *Tacto*
- ☐ *Color*
- ☐ *Tono*
- ☐ *Movimiento externo*
- ☐ *Emoción*
- ☐ *Volumen*
- ☐ *Posición del cuerpo*
- ☐ *Sonido*
- ☐ *Peso*
- ☐ *Movimiento personal*

15. Un objeto cerca de otro objeto.

16. Un relámpago.

17. Se rompió un reloj de pulsera. (¿Se paró el tiempo?)

18. Un rato agradable.

19. Llegaste muy tarde.

20. Alguien vivió demasiado.

Hay preguntas adicionales sobre el tiempo en la segunda mitad de la lista dos.

Vista

Hay varias partes en el conducto sensorial llamado vista. Las ondas de luz que vienen del sol, la luna, las estrellas o las fuentes artificiales se reflejan en los objetos, y las ondas de luz entran por los ojos y se registran como acción del tiempo presente o como recuerdo para futura referencia. Las fuentes de luz también se registran. Esta es la percepción sensorial llamada *vista.* Tiene subdivisiones. El movimiento puede considerarse la primera. La vista depende de un período de tiempo para registrar una imagen que cambia continuamente. Aunque uno puede ver movimiento en tiempo presente, varias aberraciones de la vista pueden ocasionar que recuerde únicamente imagenes mentales fijas. No obstante, todos los movimientos se registran y pueden recordarse como imágenes en movimiento. De esta forma, todos los demás sentidos dependen del tiempo para captar el mensaje de movimiento, ya que el movimiento se registra también en otras percepciones. Más específicamente, parte de la vista es la percepción del color. Hay gente que es ciega al color en tiempo presente; es decir, puede ver el color, pero es incapaz de percibir matices diferentes. Hay gente que puede ver color en tiempo presente, pero al tratar de recordar lo que han visto, recuerdan únicamente en blanco y negro. Esto sería recuerdo sin color. El color está completamente omitido. Esta es una aberración fácilmente remediable si uno recuerda en blanco y negro o como imágenes fijas cosas que ha visto en color.

Otra parte de la vista es la *percepción de profundidad.* La percepción de profundidad se observa en dos formas. Una viendo la diferencia del tamaño de los objetos y teniendo así una idea de que uno está más atrás que otro o que el objeto mismo está a una distancia; y la otra es un efecto tridimensional resultante del hecho de que tenemos dos ojos. Cada ojo ve un poco alrededor del objeto y de esta manera la percepción de profundidad es posible. Aun teniendo dos ojos, quizá uno no tenga percepción de profundidad en la observación del tiempo presente. Además, uno podría ver perfectamente bien con percepción de profundidad en tiempo presente y no obstante ver imágenes planas y sin percepción de profundidad al evocar. Esta falta de percepción de profundidad también es remediable. Un individuo que no percibiera el movimiento en tiempo presente y que además no percibiera el color ni la profundidad, sería un peligro al volante, casi tanto como el individuo que no pudiera recordar lo que ha visto, o si pudiera recordar, no pudiera hacerlo con percepción de profundidad, a todo color y movimiento. Esta parte de la lista está dedicada a darte una mayor comprensión de la vista. Todos estos percépticos se ejercitan una y otra vez en estas listas. Si no puedes ver en recuerdos inmediatamente lo que has visto en otro tiempo, simplemente trata de obtener el concepto de cómo se vieron las cosas en momentos determinados.

Puedes recordar haber visto algo:

- ☐ *Vista*
- ☐ *Olfato*
- ☐ *Tacto*
- ☐ *Color*
- ☐ *Tono*
- ☐ *Movimiento externo*
- ☐ *Emoción*
- ☐ *Volumen*
- ☐ *Posición del cuerpo*
- ☐ *Sonido*
- ☐ *Peso*
- ☐ *Movimiento personal*

1. Muy brillante.
2. Oscuro.
3. Verde.
4. Enorme.
5. En movimiento.

6. Plano.

7. Profundo.

8. Lleno de color.

9. Veloz.

10. Lento.

11. Placentero.

12. Deseable.

13. Bonito.

14. Raro.

15. Notable.

16. Confuso.

17. Misterioso.

18. Lento.

19. Cálido.

20. Alegre.

21. Casi invisible.

22. Borroso.

- ☐ *Vista*
- ☐ *Olfato*
- ☐ *Tacto*
- ☐ *Color*
- ☐ *Tono*
- ☐ *Movimiento externo*
- ☐ *Emoción*
- ☐ *Volumen*
- ☐ *Posición del cuerpo*
- ☐ *Sonido*
- ☐ *Peso*
- ☐ *Movimiento personal*

- ☐ *Vista*
- ☐ *Olfato*
- ☐ *Tacto*
- ☐ *Color*
- ☐ *Tono*
- ☐ *Movimiento externo*
- ☐ *Emoción*
- ☐ *Volumen*
- ☐ *Posición del cuerpo*
- ☐ *Sonido*
- ☐ *Peso*
- ☐ *Movimiento personal*

23. Perfectamente definido.

24. Digno de ser amado.

25. Apasionado.

26. Dichoso.

27. Muy real.

28. Algo que puedas recordar realmente bien con la vista.

Tamaños relativos

Reconocer el tamaño propio en relación al escenario en el que uno se encuentra y los objetos y organismos de ese escenario es, en sí, un mensaje sensorial. Es angustioso, particularmente en los niños, y sin duda lo fue para ti cuando eras niño, verse rodeado de objetos tan grandes. Cuando se está verdaderamente obteniendo un buen recuerdo de un incidente de la infancia, es bastante sorprendente el ver lo grandes que nos parecen las cosas y lo enormes que eran aquellos gigantes, los adultos, que nos rodeaban. La sensación de ser pequeños en la proximidad de objetos grandes produce algunas veces la sensación de insuficiencia. Se dice incluso que las personas que están por debajo de la estatura media se sienten menos seguras en su entorno. Esto proviene evidentemente de que su estatura ya adulta no ha alcanzado la media y entonces la sensación de insuficiencia y pequeñez que tuvieron en su infancia está en constante reestimulación. No es porque la persona sea realmente insuficiente, a pesar de ser más pequeña. De la misma manera, los que son más altos que la media son conscientes de este hecho, sobre todo porque la gente más pequeña que ellos encuentra medios y maneras de anularlos por su tamaño. Por lo tanto, es importante rehabilitar la percepción de los tamaños relativos, y la persona que es más alta que la media haría bien en cambiar el disco con el que está trabajando en estas preguntas de manera que el término *volumen de sonido* en el disco se sustituya por *tamaño relativo*.

Puedes recordar una ocasión cuando:

- ☐ *Vista*
- ☐ *Olfato*
- ☐ *Tacto*
- ☐ *Color*
- ☐ *Tono*
- ☐ *Movimiento externo*
- ☐ *Emoción*
- ☐ *Volumen*
- ☐ *Posición del cuerpo*
- ☐ *Sonido*
- ☐ *Peso*
- ☐ *Movimiento personal*

1. Eras más grande que un animal.
2. Eras más pequeño que un objeto.
3. Eras más grande que una persona.
4. Eras más pequeño que una persona.
5. Las cosas te parecían pequeñas.
6. Las cosas te parecían grandes.
7. Estabas en un espacio enorme.
8. Miraste las estrellas.
9. Un objeto te hizo parecer pequeño.
10. Viste un gigante.
11. Alguien te presentó sus respetos.
12. Asustaste a alguien.
13. Diste alcance a alguien.
14. Venciste a un niño más grande.
15. Los muebles eran demasiado pequeños para ti.

16. Una cama era demasiado pequeña para ti.

17. Una cama era demasiado grande para ti.

18. Un sombrero no era de tu medida.

19. Tuviste que ser educado.

20. Intimidaste a alguien.

21. Tus ropas eran demasiado grandes.

22. Tus ropas eran demasiado pequeñas.

23. El vehículo era demasiado grande.

24. El vehículo era demasiado pequeño.

25. Un espacio era demasiado grande.

26. Una mesa era demasiado grande.

27. Tu brazo era demasiado grande.

28. Una cocinera era pequeña.

29. Pudiste alcanzar algo que estaba alto.

30. Una pelota era demasiado pequeña.

- ☐ *Vista*
- ☐ *Olfato*
- ☐ *Tacto*
- ☐ *Color*
- ☐ *Tono*
- ☐ *Movimiento externo*
- ☐ *Emoción*
- ☐ *Volumen*
- ☐ *Posición del cuerpo*
- ☐ *Sonido*
- ☐ *Peso*
- ☐ *Movimiento personal*

31. Una hija era más pequeña.

32. Un escritorio era demasiado pequeño.

Puedes recordar:

- ☐ *Vista*
- ☐ *Olfato*
- ☐ *Tacto*
- ☐ *Color*
- ☐ *Tono*
- ☐ *Movimiento externo*
- ☐ *Emoción*
- ☐ *Volumen*
- ☐ *Posición del cuerpo*
- ☐ *Sonido*
- ☐ *Peso*
- ☐ *Movimiento personal*

33. Un tenedor grande.

34. Una cafetera pequeña.

35. Una colina pequeña.

36. Un pescado pequeño.

37. Una flor pequeña.

38. Un doctor pequeño.

39. Un perrito.

40. Un hombre pequeño.

41. Un niño pequeño.

42. Un gato pequeño.

43. Una casa pequeña.

44. Una máquina pequeña.

45. Piernas cortas.

46. Una cara pequeña.

47. Un lugar pequeño.

Sonido

El *sonido* consiste en la percepción de las ondas que emanan de objetos en movimiento. Un objeto se mueve rápida o lentamente y pone en vibración el aire que pulsa en su proximidad. Cuando estas pulsaciones golpean el tímpano, ponen en movimiento el mecanismo de registro de sonido del individuo, y el sonido se registra. En el vacío no hay sonido; y de hecho es simplemente una onda de fuerza. Con un volumen demasiado alto o cuando es demasiado discordante, el sonido puede ser físicamente doloroso, de la misma manera que demasiada luz puede dañar a los ojos; sin embargo, la cantidad de nerviosismo ocasionado por el sonido, o por la luz, es en la mayor parte de los casos una aberración y no está justificado, ya que el sonido en sí no es nocivo por lo general, y hay pocos incidentes en la vida de alguna persona en que un sonido haya tenido suficiente fuerza física para dañarla físicamente. La aprensión y la angustia sobre el universo físico y otras personas pueden, sin embargo, causar que el individuo esté nervioso ante el sonido, ya que es uno de los mecanismos de advertencia más fiables; pero sobresaltarse con cada sonido en un entorno civilizado, estar temeroso de las voces de otros y también de los ruidos del tráfico es tonto, ya que el hombre raramente vive en una existencia salvaje que justifique tal atención. A medida que el sonido se entremezcla con dolor del pasado, el individuo confunde el momento y el tiempo en el que está oyendo el sonido, y así puede asociarlo, al igual que otros percépticos, con dolor del pasado. Estas listas permiten al individuo rehabilitar su capacidad de distinguir la diferencia entre un tiempo y otro y una situación y otra.

El sonido tiene varias partes. La primera es el tono, que es el número de vibraciones por unidad de tiempo de cualquier objeto del que proviene el sonido. La segunda es la calidad o timbre, que es simplemente la diferencia entre una onda de sonido desigual y una onda de sonido suave como, el caso de una nota musical. La tercera es volumen, que simplemente significa la fuerza de la onda de sonido, su sonoridad grande o pequeña.

El ritmo es, de hecho, parte del sentido del tiempo, pero es también la capacidad de distinguir la distancia que hay entre ondas de sonidos que están vibrando regularmente, como el retumbar de un tambor.

Mucha gente tiene lo que se llama audición amplificada; es decir, tiene demasiada sensibilidad a los sonidos. Con bastante frecuencia, esto está acompañado de un miedo general al entorno y a la gente que hay en él. Hay también sordera en la cual el individuo simplemente excluye sonidos. Algunos tipos de sordera son ocasionados, por supuesto, por una dificultad enteramente mecánica del mecanismo de registro, pero la mayoría de los tipos de sordera, en particular cuando es parcial, es psicosomática; es decir, causada por aberración mental. Al principio, el individuo puede ser o no capaz de recordar lo que ha oído y lo que ha sido registrado en el pasado, cuando lo recuerda. En otras palabras, no obtiene sonido cuando se acuerda de que oyó un sonido. Esto es oclusión de los registros de sonido. El recordar un sonido escuchándolo de nuevo se llama sónico en Dianética y que pueda serle devuelto al individuo es una circunstancia deseable.

Es interesante notar que hay también una percepción de profundidad en el sonido. Una persona que tiene dos oídos obtiene un efecto "tridimensional" de las fuentes del sonido, para poder decir qué tan lejos están de ella y dónde están colocados en relación a ella.

Puedes recordar una ocasión en la que oíste:

- ☐ *Vista*
- ☐ *Olfato*
- ☐ *Tacto*
- ☐ *Color*
- ☐ *Tono*
- ☐ *Movimiento externo*
- ☐ *Emoción*
- ☐ *Volumen*
- ☐ *Posición del cuerpo*
- ☐ *Sonido*
- ☐ *Peso*
- ☐ *Movimiento personal*

1. Un viento suave.
2. Una voz tranquila.
3. Un sonido agradable.
4. Una voz agradable.
5. La brisa.
6. Un perro quejándose.
7. Una campana.
8. Una voz alegre.

9. Un instrumento musical.
10. Una puerta al cerrarse.
11. Agua corriendo.
12. Líquido saliendo de una botella.
13. Comida sabrosa friéndose.
14. Una pelota rodando.
15. Una rueda zumbando.
16. Un coche arrancando.
17. Un niño riendo.
18. Una pelota botando.
19. Una máquina de coser funcionando.
20. Un gato maullando.
21. Una pluma escribiendo.
22. Un niño corriendo.
23. Una página de un libro al pasarse.
24. Un periódico siendo abierto.
25. Un beso.

- ☐ *Vista*
- ☐ *Olfato*
- ☐ *Tacto*
- ☐ *Color*
- ☐ *Tono*
- ☐ *Movimiento externo*
- ☐ *Emoción*
- ☐ *Volumen*
- ☐ *Posición del cuerpo*
- ☐ *Sonido*
- ☐ *Peso*
- ☐ *Movimiento personal*

26. Un sonido estimulante.

27. Un sonido suave.

28. Un sonido rítmico.

29. Un sonido feliz.

30. Un sonido de fricción.

31. Un sonido entusiasta.

32. Un suspiro.

33. Una voz ansiosa.

34. Una fiesta.

35. Una banda.

36. Un sonido suave.

37. Agua tranquila.

38. Un sonido en un lugar espacioso.

39. Un sonido deseado.

40. Un sonido afectuoso.

41. Un sonido doméstico.

42. Un sonido atareado.

- ☐ *Vista*
- ☐ *Olfato*
- ☐ *Tacto*
- ☐ *Color*
- ☐ *Tono*
- ☐ *Movimiento externo*
- ☐ *Emoción*
- ☐ *Volumen*
- ☐ *Posición del cuerpo*
- ☐ *Sonido*
- ☐ *Peso*
- ☐ *Movimiento personal*

43. Un sonido placentero.
44. Un sonido lejano.
45. Un sonido cercano.
46. Muchos sonidos mezclados.
47. Un sonido seguro.
48. Un sonido que es muy real para ti.

Olfato

Evidentemente, el sentido del olfato se activa mediante pequeñas partículas que escapan de las cosas, y de este modo se perciben al viajar por el espacio y llegar a los nervios. Pensándolo bien a veces parece bastante desagradable, pero también hay muchos olores muy agradables.

El sentido del olfato tiene cuatro subdivisiones que son principalmente clasificaciones del tipo de olor. El sabor se considera generalmente parte del sentido del olfato.

Puedes recordar una ocasión en la que oliste lo siguiente:

1. Algo dulce.
2. Algo penetrante.
3. Algo aceitoso.
4. Algo picante.
5. Algo apetecible.
6. Algo quemado.

- ☐ *Vista*
- ☐ *Olfato*
- ☐ *Tacto*
- ☐ *Color*
- ☐ *Tono*
- ☐ *Movimiento externo*
- ☐ *Emoción*
- ☐ *Volumen*
- ☐ *Posición del cuerpo*
- ☐ *Sonido*
- ☐ *Peso*
- ☐ *Movimiento personal*

7. Algo estimulante.
8. Algo alegre.
9. Una buena persona.
10. Una persona feliz.
11. Una persona afectuosa.
12. Un animal amistoso.
13. Una hoja agradable.
14. Césped cortado.
15. Algo apasionado.
16. Algo que querías.
17. Algo que tiraste.
18. Un pájaro.
19. Algo emocionante.
20. Algo apetecible.
21. Un niño.
22. Polvo cosmético.
23. Un perfume.

24. Un lápiz de labios.

25. Cuero.

26. Humo de pipa.

27. Sudor.

28. Lana.

29. Sábanas limpias.

30. Aire fresco.

31. Un ramo de flores.

32. Dinero.

33. Papel.

34. Unos muebles.

35. Una mañana bella.

36. Una fiesta.

37. Un olor agradable que sea muy real para ti.

- ☐ *Vista*
- ☐ *Olfato*
- ☐ *Tacto*
- ☐ *Color*
- ☐ *Tono*
- ☐ *Movimiento externo*
- ☐ *Emoción*
- ☐ *Volumen*
- ☐ *Posición del cuerpo*
- ☐ *Sonido*
- ☐ *Peso*
- ☐ *Movimiento personal*

Puedes recordar una ocasión en la que saboreaste lo siguiente:

1. Sopa.

2. Huevos.

3. Pan.
4. Galletas.
5. Café.
6. Té.
7. Leche.
8. Cereal.
9. Empanadas.
10. Pescado.
11. Carne de res.
12. Pollo.
13. Bistec.
14. Pato.
15. Relleno.
16. Queso.
17. Un filete.
18. Patatas.
19. Sandía.

- ☐ *Vista*
- ☐ *Olfato*
- ☐ *Tacto*
- ☐ *Color*
- ☐ *Tono*
- ☐ *Movimiento externo*
- ☐ *Emoción*
- ☐ *Volumen*
- ☐ *Posición del cuerpo*
- ☐ *Sonido*
- ☐ *Peso*
- ☐ *Movimiento personal*

20. Un cóctel.

21. Licor.

22. Un emparedado caliente.

23. Mermelada.

24. Helado.

25. Budín.

26. Bombón.

27. Pepinillos.

28. Ponche.

29. Un vegetal.

30. Una manzana.

31. Una naranja.

32. Una fruta.

33. Pastel.

34. Algo que realmente pensaste que estaba bien cocinado.

35. Algo que te gusta comer crudo.

36. Un bizcocho.

- ☐ *Vista*
- ☐ *Olfato*
- ☐ *Tacto*
- ☐ *Color*
- ☐ *Tono*
- ☐ *Movimiento externo*
- ☐ *Emoción*
- ☐ *Volumen*
- ☐ *Posición del cuerpo*
- ☐ *Sonido*
- ☐ *Peso*
- ☐ *Movimiento personal*

37. Una galleta.

38. Carne de cerdo.

39. Algo frío.

40. Algo caliente.

41. Tu plato favorito.

42. Algo en un lugar ostentoso.

43. Algo en una fiesta.

44. Algo al aire libre.

45. Algo en un día festivo.

46. Algo cuando tenías mucha hambre.

47. Algo que era singular.

48. Algo que te hizo sentirte bien.

49. Algo que agradeciste mucho.

50. Algo que habías esperado mucho tiempo.

51. Algo que no habías podido obtener.

52. Algo que robaste.

- ☐ *Vista*
- ☐ *Olfato*
- ☐ *Tacto*
- ☐ *Color*
- ☐ *Tono*
- ☐ *Movimiento externo*
- ☐ *Emoción*
- ☐ *Volumen*
- ☐ *Posición del cuerpo*
- ☐ *Sonido*
- ☐ *Peso*
- ☐ *Movimiento personal*

Tacto

El sentido del tacto es el conducto de comunicación que informa al sistema de control central del cuerpo cuando alguna porción de éste se encuentra en contacto con el universo material, otros organismos o el organismo mismo. Probablemente el sentido del tacto es el sentido más antiguo en lo referente al sistema nervioso central[1]. Tiene cuatro subdivisiones. La primera es presión; la segunda, fricción; la tercera, frío o calor; y la última, viscosidad. Así como un individuo puede tener dificultad para oír o tener mala vista, su sentido del tacto puede estar disminuido o aun casi ausente. Esta condición se conoce como anestesia. Al igual que en cualquier otro percéptico, el sentido del tacto puede ser placentero, desagradable o doloroso. Cuando un individuo se ha lastimado considerablemente, como en accidentes, enfermedades o lesiones, tiende a cortar la comunicación con el universo físico y otros organismos, igual que cuando corta la comunicación al empeorar su vista, al volverse sordo, etc.

El sentido del tacto puede encontrarse disminuido en algunas personas, pero también puede estar aumentado en otras que tienen este conducto sensorial aberrado, hasta el punto en que buscan estar en contacto con el peligro más vehementemente de lo que existe. Una de las manifestaciones del sentido aberrado del tacto es demasiada sensibilidad al contacto sexual, volviéndolo doloroso o angustiado, o la disminución de este contacto hasta el punto de que la sensación esté casi ausente. El sentido del tacto es muy importante. Es parcialmente responsable del placer, como en el sexo; y es, en gran medida, responsable de la sensación que conocemos como dolor físico. El sentido del tacto se extiende desde el sistema nervioso central a la superficie de la piel, y por tanto está conectado íntimamente y más básicamente en contacto con el universo físico. La vista, el sonido y los sistemas olfativos se ponen generalmente en contacto con cosas a distancia, mientras que el tacto está únicamente alerta a la proximidad del contacto real. El tacto es responsable parcialmente del placer al comer y se cruza en este punto con el sentido del gusto. Como una demostración de lo deficiente que es el sentido del tacto para mucha gente, trata de poner tu mano de una forma amistosa en el hombro de alguien. Mucha gente se escabulle o se encoge ante el contacto. Un sentido aberrado del tacto es en parte responsable del disgusto por la comida, así como de la impotencia y antipatía por el acto sexual. La rehabilitación del sentido del tacto ayuda mucho a la rehabilitación de la seguridad de una persona en su entorno y mejora considerablemente la supervivencia,

1. sistema nervioso central: el cerebro y la médula espinal.

haciendo posible que el individuo obtenga placer, en donde antes, quizá, había sólo disgusto.

Puedes recordar un incidente en el que sentiste (tocaste):

- ☐ *Vista*
- ☐ *Olfato*
- ☐ *Tacto*
- ☐ *Color*
- ☐ *Tono*
- ☐ *Movimiento externo*
- ☐ *Emoción*
- ☐ *Volumen*
- ☐ *Posición del cuerpo*
- ☐ *Sonido*
- ☐ *Peso*
- ☐ *Movimiento personal*

1. La presión en tus pies mientras estabas de pie.
2. Un tenedor.
3. Una superficie grasienta.
4. La presión de un asiento en el cine.
5. Un volante.
6. Un gato.
7. Otra persona.
8. Ropa fresca.
9. Tu pelo.
10. Un chiquillo.
11. Algo que admirabas.
12. Algo nuevo.
13. Un brazo.
14. Una pelota.

15. Una silla cómoda.

16. Un collar.

17. Un atizador.

18. Un instrumento musical.

19. Algo cómodo.

20. Algo que te dio seguridad.

21. Algo brillante.

22. Un escritorio.

23. Una chica.

24. Un chico.

25. Un pescado.

26. Una muñeca.

27. Seda.

28. Terciopelo.

29. Tu oreja.

30. Tu cuerpo.

31. Algo que te hizo sentir entusiasta.

- ☐ *Vista*
- ☐ *Olfato*
- ☐ *Tacto*
- ☐ *Color*
- ☐ *Tono*
- ☐ *Movimiento externo*
- ☐ *Emoción*
- ☐ *Volumen*
- ☐ *Posición del cuerpo*
- ☐ *Sonido*
- ☐ *Peso*
- ☐ *Movimiento personal*

32. Algo que te fascinó.

33. Algo que deseabas vehementemente.

34. Alguien que era fiel.

35. Un chiquillo feliz.

36. Una mano generosa.

37. Una máquina útil.

38. Una carta agradable.

39. Un periódico con buenas noticias.

40. Un teléfono cuando recibiste buenas noticias.

41. Un sombrero.

42. Una cara querida.

43. Un pasamanos.

44. Un objeto agradable.

45. Un objeto en movimiento.

46. Un objeto que amabas.

47. Un enemigo siendo lastimado.

48. Una persona amable.

- ☐ *Vista*
- ☐ *Olfato*
- ☐ *Tacto*
- ☐ *Color*
- ☐ *Tono*
- ☐ *Movimiento externo*
- ☐ *Emoción*
- ☐ *Volumen*
- ☐ *Posición del cuerpo*
- ☐ *Sonido*
- ☐ *Peso*
- ☐ *Movimiento personal*

49. Algo bonito.

50. Algo que te dio gusto.

51. Una comida que te gustaba.

52. Algo en lo que creías.

53. Algo que te gustó acariciar.

54. Una persona fuerte.

55. Una persona pequeña.

56. Agua que disfrutaste.

57. Una ducha.

58. Un anciano.

59. Algo caliente.

60. Algo frío.

61. Un viento.

62. Una persona soñolienta.

63. Una cama fresca en una noche cálida.

64. Algo que te entusiasmó.

- ☐ *Vista*
- ☐ *Olfato*
- ☐ *Tacto*
- ☐ *Color*
- ☐ *Tono*
- ☐ *Movimiento externo*
- ☐ *Emoción*
- ☐ *Volumen*
- ☐ *Posición del cuerpo*
- ☐ *Sonido*
- ☐ *Peso*
- ☐ *Movimiento personal*

65. Algo que tocaste esta mañana.

66. Algo que estás tocando ahora.

Emoción personal

Hay muchas emociones. Las principales son: felicidad, aburrimiento, antagonismo, enojo, hostilidad encubierta[2], miedo, pesar y apatía. Otras emociones son simplemente grados mayores o menores de las mencionadas. El terror, por ejemplo, es un grado de miedo. La tristeza es un grado menor de pesar. El abatimiento es un grado menor de apatía. El amor es un alto grado de felicidad enfocado en cierta dirección. Estas emociones forman una escala gradual que constituye en Dianética la sección de emoción en la escala tonal. La felicidad es la emoción más alta y la apatía la más baja. Un individuo tiende a moverse hacia arriba y hacia abajo en esta escala a través de las emociones antes mencionadas, en ese orden.

La emoción controla o regula al sistema endocrino. Las percepciones y el sistema nervioso central requieren ciertas secreciones emocionales para producir transformaciones catalíticas[3] en el cuerpo con el fin de hacer frente a diversas situaciones del entorno. La emoción es una de las cosas más fáciles de aberrar. Hay individuos que creen que deben estar permanentemente tristes, aun cuando las circunstancias los deberían hacer felices. Hay individuos que creen que deben estar felices independientemente de su entorno y que, sin embargo, se sienten muy mal. La mayoría de la gente no tiene emociones, sino emociones negativas, ya que no reaccionan a las situaciones en su entorno con la emoción que sería más racional mostrar. El orden social ha confundido irracionalidad[4] con emotividad. En realidad, una persona totalmente racional está más capacitada para responder mejor a los estímulos de su entorno. Ser racional no significa ser frío y calculador. Un individuo que es razonablemente feliz, podrá hacer los mejores cálculos. Sin emoción libre, un individuo no podría apreciar como debiera las cosas agradables de su entorno. La falta de apreciación por el arte o la música se presentan cuando un individuo no puede ser emocionalmente libre. La persona que siente que debe tener sangre fría para poder ser racional es lo que se llama en Dianética un "caso de control",

2. hostilidad encubierta: aquí está la persona que odia, pero tiene miedo de decir que odia, traiciona y aún espera ser perdonada.

3. catalítico: relativo a la catálisis. (Catálisis: aceleración de una reacción química producida por la presencia de una substancia que permanece aparentemente intacta.)

4. irracionalidad: la incapacidad para obtener respuestas correctas de los datos que se tienen.

y examinándolo se encontraría que está muy lejos de ser lo racional que podría ser. La gente que no puede experimentar emoción debido a sus aberraciones, es generalmente gente enferma. Las personas sanas pueden experimentar emoción.

Los desequilibrios del sistema endocrino, tal como la glándula tiroides[5], páncreas[6] y otras glándulas, aparecen debido a aberraciones relacionadas con la emoción. Ha sido probado y comprobado concluyentemente en Dianética, que la función controla la estructura. En un hombre o una mujer aberrados sexualmente, las inyecciones de hormonas[7] son de poca o ninguna eficacia en la eliminación de las aberraciones mentales, que son las que hacen ineficaces las inyecciones. Al eliminar la aberración emocional, se rehabilita el sistema endocrino, de manera que las inyecciones no son ni siquiera necesarias. Cuando se congela la respuesta emocional de una persona, ésta puede esperar varias dificultades físicas como úlcera[8], hipotiroidismo[9], diabetes[10] y otras enfermedades que son más o menos atribuibles directamente al sistema endocrino.

La emoción equivocada, inhibida o excesiva, es una de las cosas más destructivas que pueden ocurrir en el organismo humano. Una persona que está aberrada así es incapaz de experimentar felicidad y gozar de la vida. Su cuerpo físico no mejorará.

5. tiroides: glándula situada en la parte anterior y superior de la tráquea, cuyas hormonas influyen en el metabolismo y en el crecimiento.

6. páncreas: glándula situada en la cavidad abdominal de los mamíferos, cuyo jugo se vierte en el intestino y contribuye a la digestión. También produce la insulina, cuya carencia origina la diabetes.

7. hormona: producto de la secrección de ciertos órganos del cuerpo de animales y plantas, que, transportado por la sangre o por los jugos del vegetal, excita, inhibe o regula la actividad de otros órganos o sistemas de órganos.

8. úlcera: lesión en la piel o en la mucosa de un órgano, que destruye poco a poco el tejido y suele ir acompañada de secreción de pus.

9. hipotiroidismo: estado patológico debido a la deficiencia de secreción de la glándula tiroides.

10. diabetes: enfermedad causada por un desorden de nutrición, y que se caracteriza por eliminación excesiva de orina, que frecuentemente contiene azúcar.

Puedes recordar un incidente en que:

- ☐ *Vista*
- ☐ *Olfato*
- ☐ *Tacto*
- ☐ *Color*
- ☐ *Tono*
- ☐ *Movimiento externo*
- ☐ *Emoción*
- ☐ *Volumen*
- ☐ *Posición del cuerpo*
- ☐ *Sonido*
- ☐ *Peso*
- ☐ *Movimiento personal*

1. Alguien estaba enojado.
2. Alguien quería algo.
3. Deseaste algo.
4. Eras feliz.
5. Fuiste complacido.
6. Ganaste siendo antagónico.
7. Te sentiste cariñoso.
8. Admiraste algo.
9. Algo fue amigable.
10. Te divertiste.
11. Aprobaste un objeto.
12. Te sorprendió algo agradable.
13. Atacaste algo con éxito.
14. Atacaste a alguien.
15. Estabas encariñado con algo.
16. Te ruborizaste.

17. Te sentiste valiente.

18. No pudieron molestarte.

19. Fuiste enérgico.

20. Descubriste que no eras inepto.

21. Estabas satisfecho.

22. Te interesaste en alguien.

23. Tuviste confianza.

24. Influiste en alguien.

25. Te gustó estar ocioso.

26. Alguien fue paciente.

27. Disfrutaste de la vida.

28. Estabas dichoso.

29. Te reíste.

30. Estabas enamorado.

31. Recibiste buenas noticias.

32. Disfrutaste de la música.

33. Pensaste que algo era bonito.

- ☐ *Vista*
- ☐ *Olfato*
- ☐ *Tacto*
- ☐ *Color*
- ☐ *Tono*
- ☐ *Movimiento externo*
- ☐ *Emoción*
- ☐ *Volumen*
- ☐ *Posición del cuerpo*
- ☐ *Sonido*
- ☐ *Peso*
- ☐ *Movimiento personal*

34. Te saciaste.

35. Te apasionaste.

36. Evitaste algo.

37. Produjiste algo.

38. Te alegró el evitar una pelea.

39. Te alegró lastimar a alguien.

40. Te regocijaste.

41. Te sentiste muy seguro.

42. Te carcajeaste.

43. Disfrutaste el silencio.

44. Tuviste que irte a la cama.

45. Te diste cuenta que era un día hermoso.

46. Ganaste la pelea.

47. Dominaste a una persona.

48. Conquistaste algo.

49. Obtuviste lo que querías.

50. Sorprendiste a alguien.

- ☐ *Vista*
- ☐ *Olfato*
- ☐ *Tacto*
- ☐ *Color*
- ☐ *Tono*
- ☐ *Movimiento externo*
- ☐ *Emoción*
- ☐ *Volumen*
- ☐ *Posición del cuerpo*
- ☐ *Sonido*
- ☐ *Peso*
- ☐ *Movimiento personal*

51. Contribuiste.

52. Se te permitió manejar algo.

53. Te alegró el no tener que arrepentirte.

54. Descubriste que la ansiedad fue en balde.

55. Descubriste que tus sospechas eran infundadas.

56. Finalmente te deshiciste de ello.

57. Impediste que alguien se aterrara.

58. Eras feliz.

59. Alguien te comprendió.

60. Alguien te escuchó con respeto.

61. Te sentiste con energía.

62. Te sentiste vigoroso.

63. Supiste que estaba bien hecho.

64. Ya no tuviste que esperar.

65. Te gustó mirar.

66. Impediste que alguien llorara.

☐ *Vista*
☐ *Olfato*
☐ *Tacto*
☐ *Color*
☐ *Tono*
☐ *Movimiento externo*
☐ *Emoción*
☐ *Volumen*
☐ *Posición del cuerpo*
☐ *Sonido*
☐ *Peso*
☐ *Movimiento personal*

67. Vagaste a voluntad.

68. Te sentiste libre.

69. Ayudaste a alguien.

70. Te sentiste joven.

71. Ganaste.

72. Te alegraste de estar junto a alguien.

73. Te alegró irte.

74. Te gustó la emoción.

75. Gozaste moviéndote.

76. El movimiento te dio gozo.

77. Conseguiste ver algo que habías estado esperando.

78. Recibiste un regalo que te gustó.

79. Descubriste algo.

80. Rechazaste algo.

81. Atrajiste algo hacia ti.

82. Produjiste algo.

83. Estabas orgulloso de ello.

- ☐ *Vista*
- ☐ *Olfato*
- ☐ *Tacto*
- ☐ *Color*
- ☐ *Tono*
- ☐ *Movimiento externo*
- ☐ *Emoción*
- ☐ *Volumen*
- ☐ *Posición del cuerpo*
- ☐ *Sonido*
- ☐ *Peso*
- ☐ *Movimiento personal*

84. Levantaste algo a gran altura.

85. Prevaleciste.

86. Controlaste alguna energía.

87. Hiciste agradable la ocasión.

88. Te alegró estar con un amigo.

89. Hiciste que algo te obedeciera.

90. Estabas feliz de molestar.

91. Te diste cuenta que tenías buena suerte.

92. Te sobrepusiste al antagonismo.

93. Encontraste divertido saltar.

94. Saliste de trabajar.

95. Ya no tenías que continuar ahí sentado.

96. Te diste cuenta que era el último día de escuela.

97. Fuiste feliz porque era cierto.

98. Te sentiste virtuoso.

- ☐ *Vista*
- ☐ *Olfato*
- ☐ *Tacto*
- ☐ *Color*
- ☐ *Tono*
- ☐ *Movimiento externo*
- ☐ *Emoción*
- ☐ *Volumen*
- ☐ *Posición del cuerpo*
- ☐ *Sonido*
- ☐ *Peso*
- ☐ *Movimiento personal*

99. Supiste que habías mostrado valentía.

100. Se cumplió tu deseo.

101. Tuviste éxito con tu engaño.

102. Te sobrepusiste a la melancolía.

103. Te alegraste de que hubiera acabado.

104. Esperaste ansiosamente.

105. Los dispersaste.

106. Pudiste notar la diferencia.

107. Tu padre estaba orgulloso de ti.

108. Alguien te fue leal.

109. Escapaste.

110. Descubriste que te habías escondido sin motivo.

111. Asustaste a alguien.

112. Te sobrepusiste al conservatismo.

113. Descubriste un amigo.

114. Fuiste amistoso.

- ☐ *Vista*
- ☐ *Olfato*
- ☐ *Tacto*
- ☐ *Color*
- ☐ *Tono*
- ☐ *Movimiento externo*
- ☐ *Emoción*
- ☐ *Volumen*
- ☐ *Posición del cuerpo*
- ☐ *Sonido*
- ☐ *Peso*
- ☐ *Movimiento personal*

115. Hiciste algo que estaba prohibido y te saliste con la tuya.

116. Echaste a alguien.

117. Curaste algo.

118. Adquiriste una mascota.

119. Fue un alivio.

120. Te diste cuenta que no estabas lastimado.

121. Recibiste una llamada agradable.

122. Tus ingresos aumentaron.

123. Descubriste que tenías influencia.

124. Fuiste ambicioso.

125. Tuviste éxito.

126. Te diste cuenta que después de todo no lo querías.

127. Superaste el ser pobre.

128. Muchos estaban orgullosos de ti.

129. Eras amado.

130. Se alegraron por ti.

- ☐ *Vista*
- ☐ *Olfato*
- ☐ *Tacto*
- ☐ *Color*
- ☐ *Tono*
- ☐ *Movimiento externo*
- ☐ *Emoción*
- ☐ *Volumen*
- ☐ *Posición del cuerpo*
- ☐ *Sonido*
- ☐ *Peso*
- ☐ *Movimiento personal*

- ☐ *Vista*
- ☐ *Olfato*
- ☐ *Tacto*
- ☐ *Color*
- ☐ *Tono*
- ☐ *Movimiento externo*
- ☐ *Emoción*
- ☐ *Volumen*
- ☐ *Posición del cuerpo*
- ☐ *Sonido*
- ☐ *Peso*
- ☐ *Movimiento personal*

131. Se te consideró notable.

132. Guardaste un secreto.

133. Alguien creyó en ti.

134. Comprendiste.

135. Mostraste tu destreza.

136. Les gustaste.

137. Alguien estaba feliz.

138. Alguien te apreció.

139. Sentiste que habías hecho un buen trabajo.

140. Un chiquillo te amaba.

141. Un amigo te necesitaba.

142. Se rieron de tu chiste.

143. Todos estaban sorprendidos.

144. Fuiste solicitado.

145. Te invitaron.

146. Alguien te hizo darte cuenta que eras fuerte.

147. Eras importante.

148. Te diste cuenta que eras indispensable.

149. Valió la pena.

150. Supiste que habías dado placer.

151. Estabas bien.

152. Alguien estaba fascinado contigo.

153. Ganaste la pelea.

154. Se creyó en ti.

155. Rescataste a alguien.

156. Desubriste que no eras débil.

157. Dejaron de pelear contigo.

158. Alguien te tuvo miedo.

159. Hiciste que alguien tuviera éxito.

160. Disipaste la angustia.

161. Se te respetaba.

162. Alguien se alegró de que estuvieras ahí.

- ☐ *Vista*
- ☐ *Olfato*
- ☐ *Tacto*
- ☐ *Color*
- ☐ *Tono*
- ☐ *Movimiento externo*
- ☐ *Emoción*
- ☐ *Volumen*
- ☐ *Posición del cuerpo*
- ☐ *Sonido*
- ☐ *Peso*
- ☐ *Movimiento personal*

163. Te sobrepusiste a la tristeza.

164. Te alegró que te estuvieran mirando.

165. Podías ir y venir como tú querías.

166. Te dieron una silla.

167. Te premiaron.

168. Lo decidiste por ti mismo.

169. Te diste cuenta que tenías razón.

170. Disfrutaste la juventud.

171. Gritaste de felicidad.

172. Recibiste lo que querías.

173. Descubrieron que eras valioso.

174. Diste mucha felicidad.

175. Te alegró haberlo hecho.

176. Descubriste que después de todo no eras vanidoso.

177. Los evadiste exitosamente.

178. Te volviste importante.

179. Ya no eras infeliz.

- ☐ *Vista*
- ☐ *Olfato*
- ☐ *Tacto*
- ☐ *Color*
- ☐ *Tono*
- ☐ *Movimiento externo*
- ☐ *Emoción*
- ☐ *Volumen*
- ☐ *Posición del cuerpo*
- ☐ *Sonido*
- ☐ *Peso*
- ☐ *Movimiento personal*

180. Tuviste que irte.

181. Venciste alguna energía.

182. Lo arreglaste.

183. Se dieron cuenta que habían sospechado de ti equivocadamente.

184. Tu comprensión fue rápida.

185. Descubriste que no tenías que estar avergonzado.

186. Tuviste éxito en tu lucha.

187. Te alegró dar un apretón de manos.

188. Gozaste el beso.

189. Era bueno correr.

190. Fuiste capaz de conservarlo.

191. Lo restauraste.

192. No tuviste que irte a la cama.

193. Evitaste la ruina.

194. Encontraste un refugio.

195. Estuvo bien no tener que lamentarlo.

- ☐ *Vista*
- ☐ *Olfato*
- ☐ *Tacto*
- ☐ *Color*
- ☐ *Tono*
- ☐ *Movimiento externo*
- ☐ *Emoción*
- ☐ *Volumen*
- ☐ *Posición del cuerpo*
- ☐ *Sonido*
- ☐ *Peso*
- ☐ *Movimiento personal*

196. Fuiste fiel a tu propósito.

197. Tenías mucho tiempo.

198. Saliste.

199. Alguien se alegró de que escribieras.

200. Tu gente te apreció.

201. Creciste.

202. Pudiste hacer todo el ruido que quisiste.

203. No fue necesario hacer nada.

204. Complaciste a alguien.

205. Fue una magnífica ocasión.

206. Te agradó estar enamorado.

207. No podías perder.

208. Los entusiasmaste.

209. Lo vendiste.

210. Gozaron tu música.

211. Te reíste finalmente.

212. Descubriste que no eras perezoso.

- ☐ *Vista*
- ☐ *Olfato*
- ☐ *Tacto*
- ☐ *Color*
- ☐ *Tono*
- ☐ *Movimiento externo*
- ☐ *Emoción*
- ☐ *Volumen*
- ☐ *Posición del cuerpo*
- ☐ *Sonido*
- ☐ *Peso*
- ☐ *Movimiento personal*

213. Descubrieron que no eras ignorante.

214. Querían tus influencias.

215. No tuviste que apurarte.

216. Iluminaste algo bello.

217. Hiciste lo imposible.

218. No tuviste que preocuparte por los ingresos.

219. Viste entrar a alguien que te gustaba.

220. Viste irse a alguien que te disgustaba.

221. Te sentiste apto.

222. Tus temores eran infundados.

223. Estuvo bien emocionarse.

224. Te sentiste capaz de cualquier cosa.

225. Era una mañana brillante.

226. La vida estaba llena de encanto.

227. Te dejaron tener suficiente.

228. Agradeciste la bebida.

- ☐ *Vista*
- ☐ *Olfato*
- ☐ *Tacto*
- ☐ *Color*
- ☐ *Tono*
- ☐ *Movimiento externo*
- ☐ *Emoción*
- ☐ *Volumen*
- ☐ *Posición del cuerpo*
- ☐ *Sonido*
- ☐ *Peso*
- ☐ *Movimiento personal*

229. Te alegró comer.

230. Abrazar a alguien fue magnífico.

231. Cumpliste lo prometido.

232. Se confió en ti.

233. Nadie podía negarte algo.

234. Descubriste que no habías sido engañado.

235. Lo merecías.

236. Te acurrucaste bajo las mantas.

237. Te dejaron continuar.

238. Pudiste oponerte cuanto quisiste.

239. El doctor estaba equivocado.

240. Alguien cocinó para ti.

241. Tenías una casa agradable.

242. Descubriste que era un país bonito.

243. Descubriste que no tenías que quedarte ahí.

244. Obtuviste un título mejor.

- ☐ *Vista*
- ☐ *Olfato*
- ☐ *Tacto*
- ☐ *Color*
- ☐ *Tono*
- ☐ *Movimiento externo*
- ☐ *Emoción*
- ☐ *Volumen*
- ☐ *Posición del cuerpo*
- ☐ *Sonido*
- ☐ *Peso*
- ☐ *Movimiento personal*

245. Encontraste algo valioso.

246. Podías estar con quien quisieras.

247. Descubriste que no era demasiado difícil.

248. Tenían confianza en ti.

249. Les ayudaste a conquistar algo.

- ☐ *Vista*
- ☐ *Olfato*
- ☐ *Tacto*
- ☐ *Color*
- ☐ *Tono*
- ☐ *Movimiento externo*
- ☐ *Emoción*
- ☐ *Volumen*
- ☐ *Posición del cuerpo*
- ☐ *Sonido*
- ☐ *Peso*
- ☐ *Movimiento personal*

250. Pudiste salir de la clase.

251. Ya no tuviste que ir ahí.

252. Alguien vino cuando llamaste.

253. Disfrutaste con un coche nuevo.

254. Te saliste del encierro.

255. Admitieron que eras astuto.

256. Te diste cuenta que tus manos eran hábiles.

257. Descubriste que podías correr más aprisa.

258. Descubriste que no tenías que preocuparte.

259. Te diste cuenta que después de todo no era en vano.

260. Le sacaste provecho a la esperanza.

- ☐ *Vista*
- ☐ *Olfato*
- ☐ *Tacto*
- ☐ *Color*
- ☐ *Tono*
- ☐ *Movimiento externo*
- ☐ *Emoción*
- ☐ *Volumen*
- ☐ *Posición del cuerpo*
- ☐ *Sonido*
- ☐ *Peso*
- ☐ *Movimiento personal*

261. Tuviste el derecho de pensar por ti mismo.

262. Te diste cuenta que no tenías que sentirte desilusionado.

263. Descubriste cuán persistente eras.

264. Supiste que podías utilizar la responsabilidad.

265. El mundo era todo tuyo.

266. Estabas fascinado.

267. Te sentías bien esta mañana.

Sensación orgánica

La sensación orgánica es el sentido que informa al sistema nervioso central del estado de los distintos órganos del cuerpo. No te alarmes si te sientes atontado por un momento o si bostezas frecuentemente. Estas manifestaciones son buenas y desaparecerán si recuerdas otro cierto número de incidentes de la misma pregunta que te hizo sentir extraño.

Puedes recordar una ocasión en que:

1. Te sentiste en muy buena condición física.

2. Gozaste físicamente.

3. Acababas de comer algo que te gustaba.

4. Sentiste bien tu cabeza.

5. Sentiste bien tu espalda.

6. Te sentiste muy descansado.

7. Estabas emocionado.

8. Te sentías muy animado.

9. Estabas orgulloso de tu cuerpo.

10. Tu cuerpo era competente.

11. Tu corazón latía tranquilamente.

12. No tenías ni el más leve dolor.

13. Te sentiste fresco.

14. Todo el mundo se estaba divirtiendo.

15. Los dos lo disfrutásteis.

16. Sentiste fuerte tu espalda.

17. Permaneciste en pie bien firme.

18. Te gustó tu postura.

19. Cambiaste de postura.

- ☐ *Vista*
- ☐ *Olfato*
- ☐ *Tacto*
- ☐ *Color*
- ☐ *Tono*
- ☐ *Movimiento externo*
- ☐ *Emoción*
- ☐ *Volumen*
- ☐ *Posición del cuerpo*
- ☐ *Sonido*
- ☐ *Peso*
- ☐ *Movimiento personal*

20. Necesitabas un trago de agua fresca y lo conseguiste.

21. Sentías tu cabeza despejada.

22. Fue agradable respirar aire fresco.

23. Lo levantaste.

24. Lo sacaste.

25. Te sentiste fuerte de nuevo.

26. Habías cenado bien.

27. Estabas disfrutándolo.

28. Lo hiciste fácilmente.

29. Te desahogaste.

30. Estabas tenso de emoción.

31. Estabas relajado.

32. Sentiste bien el pecho.

33. Sentiste bien la garganta.

34. Sentiste bien los ojos.

35. No te dabas cuenta de tu respiración.

- ☐ *Vista*
- ☐ *Olfato*
- ☐ *Tacto*
- ☐ *Color*
- ☐ *Tono*
- ☐ *Movimiento externo*
- ☐ *Emoción*
- ☐ *Volumen*
- ☐ *Posición del cuerpo*
- ☐ *Sonido*
- ☐ *Peso*
- ☐ *Movimiento personal*

36. No te zumbaban los oídos.

37. Tus manos hicieron algo útil.

38. Te sirvieron bien tus piernas.

39. Sentiste bien tus pies.

40. Sabías que te veías bien.

Movimiento personal

Entre las diversas percepciones está el movimiento personal. Esto es la consciencia del cambio de posición en el espacio. Muchas otras percepciones ayudan a esta consciencia de movimiento propio. Esta percepción se ve ayudada por la vista, la sensación del viento, el cambio de peso del cuerpo y por la observación del entorno externo. Sin embargo, es un percéptico en sí mismo; y en las siguientes preguntas se enfoca tu atención simplemente a la consciencia interna de ti mismo en movimiento.

Puedes recordar una ocasión en que:

1. Estabas corriendo.

2. Estabas caminando.

3. Disfrutaste un paseo.

4. Superaste algo.

5. Tiraste algo que no querías.

6. Venciste tirando de la cuerda.

7. Jugaste a saltar a la cuerda.

8. Montaste.

9. Tuviste éxito en deportes.

10. Te acostaste.

11. Te pusiste de pie.

12. Diste vueltas.

13. Saltaste.

14. Mantuviste el equilibrio en algo que se movía.

15. Diste un brinco.

16. Ganaste una carrera.

17. Hiciste algo físico por lo cual fuiste admirado.

18. Disfrutaste moviéndote.

19. Disfrutaste manteniéndote quieto.

20. Señalaste algo.

21. Te mostraste físicamente superior.

22. Tu mano derecha hizo algo con habilidad.

- ☐ *Vista*
- ☐ *Olfato*
- ☐ *Tacto*
- ☐ *Color*
- ☐ *Tono*
- ☐ *Movimiento externo*
- ☐ *Emoción*
- ☐ *Volumen*
- ☐ *Posición del cuerpo*
- ☐ *Sonido*
- ☐ *Peso*
- ☐ *Movimiento personal*

23. Tu mano izquierda hizo algo con habilidad.

24. Domesticaste un animal.

25. Venciste a otra persona.

26. Hiciste algo físico que disfrutaste.

27. Subiste.

28. Mantuviste algo cerca de ti.

29. Tiraste algo que no querías.

30. Te sentiste perezoso.

31. Pasaste la página de un libro que disfrutabas leyendo.

32. Te vestiste.

33. Te levantaste cuando quisiste.

34. Disfrutaste luchando con alguien.

35. Manipulaste con éxito un objeto complicado.

36. Condujiste bien.

37. Cargaste algún peso.

38. Juntaste cosas.

- ☐ *Vista*
- ☐ *Olfato*
- ☐ *Tacto*
- ☐ *Color*
- ☐ *Tono*
- ☐ *Movimiento externo*
- ☐ *Emoción*
- ☐ *Volumen*
- ☐ *Posición del cuerpo*
- ☐ *Sonido*
- ☐ *Peso*
- ☐ *Movimiento personal*

39. Empaquetaste.

40. No permitiste que algo se te escapara.

41. Disfrutaste la mañana.

42. Bailaste bien.

43. Divertiste a la gente porque lo quisiste.

44. Te negaste a hacer lo que querían que hicieras e hicistes lo que tú querías.

45. Te alegraste de ser tú.

46. Elogiaron tu postura.

47. Le diste un apretón de manos a alguien que te dio gusto ver.

48. Cogiste algo que deseabas.

49. Te peinaste.

50. Agarraste este libro.

51. Te sentaste hace un rato.

- ☐ *Vista*
- ☐ *Olfato*
- ☐ *Tacto*
- ☐ *Color*
- ☐ *Tono*
- ☐ *Movimiento externo*
- ☐ *Emoción*
- ☐ *Volumen*
- ☐ *Posición del cuerpo*
- ☐ *Sonido*
- ☐ *Peso*
- ☐ *Movimiento personal*

Movimiento externo

La observación del movimiento externo se lleva a cabo por medio de muchos conductos sensoriales. La capacidad de percibir el movimiento en tiempo presente y la capacidad de recordar cosas que se han movido y percibir que se están moviendo, son dos cosas diferentes. La incapacidad de percibir bien los diversos movimientos que hay en el entorno es peligrosa, y está causada por la estimación equivocada de que los movimientos que uno percibe son peligrosos, cuando por lo general no lo son. Por cada movimiento peligroso en el entorno de uno hay infinidad de movimientos seguros y favorables. Que el movimiento haya sido peligroso en el pasado no quiere decir que todo movimiento sea peligroso. Posiblemente, una de las acciones más aberrantes por encima del nivel de inconsciencia es golpear a una persona de repente cuando no se lo espera. Abofetear a los niños, particularmente cuando no están alerta al hecho de que van a ser abofeteados, tiende a hacer al individuo desconfiado de todo movimiento; y aun cuando hayan crecido y una bofetada sea lo último que podrían esperar, siguen desconfiando del movimiento. Al recordar los movimientos que has visto externamente haz un esfuerzo para ver los movimientos reales que ocurrieron a tu alrededor.

Puedes recordar una ocasión en que:

- ☐ *Vista*
- ☐ *Olfato*
- ☐ *Tacto*
- ☐ *Color*
- ☐ *Tono*
- ☐ *Movimiento externo*
- ☐ *Emoción*
- ☐ *Volumen*
- ☐ *Posición del cuerpo*
- ☐ *Sonido*
- ☐ *Peso*
- ☐ *Movimiento personal*

1. Algo agradable se movió muy rápido.
2. Viste alejarse de ti a alguien que te disgustaba.
3. Disfrutaste viendo caer la lluvia.
4. Disfrutaste viendo niños jugar.
5. Los árboles susurraron con el viento del verano.
6. Corría un arroyo tranquilo.

7. Jugaste a la pelota.

8. Viste volar una cometa.

9. Te entusiasmó cabalgar cuesta abajo.

10. Viste un pájaro volar graciosamente.

11. Percibiste que la luna se había movido.

12. Espantaste un animal alejándolo de ti.

13. Viste una bailarina grácil.

14. Viste un músico consumado.

15. Viste un excelente actor.

16. Observaste una niña preciosa.

17. Observaste un chiquillo feliz.

18. Pusiste un objeto en movimiento.

19. Paraste un objeto.

20. Rompiste algo que no te gustaba.

21. Observaste un hombre elegante.

22. Disfrutaste observando un animal feroz.

- ☐ *Vista*
- ☐ *Olfato*
- ☐ *Tacto*
- ☐ *Color*
- ☐ *Tono*
- ☐ *Movimiento externo*
- ☐ *Emoción*
- ☐ *Volumen*
- ☐ *Posición del cuerpo*
- ☐ *Sonido*
- ☐ *Peso*
- ☐ *Movimiento personal*

23. Te gustó ver caer algo.

24. Observaste algo dando vueltas.

25. Disfrutaste botando algo.

26. Te sentiste feliz viendo disparar algo en el aire.

27. Observaste un caballo veloz.

28. Oíste algo veloz.

29. Viste una estrella fugaz.

30. Viste césped moviéndose por el viento.

31. Observaste el segundero de un reloj.

32. Viste alejarse de ti alguien que no te gustaba.

33. Viste caminar hacia ti a alguien que te gustaba.

34. Alguien corrió a tu encuentro.

35. Viste un animal perseguir a otro animal.

36. Moviste un objeto.

37. Levantaste un objeto.

- ☐ *Vista*
- ☐ *Olfato*
- ☐ *Tacto*
- ☐ *Color*
- ☐ *Tono*
- ☐ *Movimiento externo*
- ☐ *Emoción*
- ☐ *Volumen*
- ☐ *Posición del cuerpo*
- ☐ *Sonido*
- ☐ *Peso*
- ☐ *Movimiento personal*

- ☐ *Vista*
- ☐ *Olfato*
- ☐ *Tacto*
- ☐ *Color*
- ☐ *Tono*
- ☐ *Movimiento externo*
- ☐ *Emoción*
- ☐ *Volumen*
- ☐ *Posición del cuerpo*
- ☐ *Sonido*
- ☐ *Peso*
- ☐ *Movimiento personal*

38. Derribaste un objeto.

39. Observaste un fuego agradable.

40. Viste encenderse una luz.

41. Viste meterse algo dentro de algo.

42. Vaciaste algo.

43. Sacaste algo.

44. Oíste un movimiento amigable.

45. Destruiste algo que no querías.

46. Pasaste la hoja de este libro.

Posición del cuerpo

Uno está consciente de la posición de su propio cuerpo por medio de percepciones especiales. Estas incluyen la posición de las articulaciones. En las preguntas siguientes, presta especial atención, cuando recuerdes el incidente, a la posición de tu cuerpo en el momento en que el incidente ocurrió.

Puedes recordar una ocasión en que:

1. Disfrutaste de estar sentado.

2. Te abriste camino en un lugar en el que no querías estar.

3. Te quedaste y disfrutaste del panorama.

4. Te metiste en la boca el dedo gordo del pie.

5. Trataste de ponerte cabeza abajo.

6. Trataste de ver si servías para contorsionista.

7. Bebiste algo agradable.

8. Tomaste una comida excelente.

9. Condujiste un buen coche.

10. Estabas haciendo algo que te gustaba.

11. Disfrutaste manipulando algo.

12. Fuiste competente en un deporte.

13. Se te admiró.

14. Fuiste feliz.

15. Disfrutaste la oportunidad de sentarte.

16. Te levantaste con entusiasmo para ir a alguna parte.

☐ *Vista*
☐ *Olfato*
☐ *Tacto*
☐ *Color*
☐ *Tono*
☐ *Movimiento externo*
☐ *Emoción*
☐ *Volumen*
☐ *Posición del cuerpo*
☐ *Sonido*
☐ *Peso*
☐ *Movimiento personal*

- ☐ *Vista*
- ☐ *Olfato*
- ☐ *Tacto*
- ☐ *Color*
- ☐ *Tono*
- ☐ *Movimiento externo*
- ☐ *Emoción*
- ☐ *Volumen*
- ☐ *Posición del cuerpo*
- ☐ *Sonido*
- ☐ *Peso*
- ☐ *Movimiento personal*

17. Te deshiciste de algo.

18. Observaste cómo entrenaban a un chiquillo.

19. Quisiste quedarte y lo hiciste.

20. Quisiste irte y lo hiciste.

Procesamiento estándar

Puede considerarse que los propósitos de la energía de la vida, o por lo menos uno de ellos, es la creación, conservación, preservación, adquisición, destrucción, cambio, ocupación, agrupamiento y dispersión de materia, energía, espacio y tiempo, que son los factores componentes del universo material.

Un individuo se mantiene saludable, estable, equilibrado y alegre mientras siga creyendo en su propia capacidad de gobernar el universo físico y los organismos que lo rodean, controlarlos si es necesario, o trabajar en armonía con ellos, así como volverse competente para dominar el universo físico de su entorno y moverse dentro de él. Únicamente al descubrir su incapacidad para controlar organismos, materia, energía, espacio y tiempo, después de que descubre sus incapacidades en el control de organismos, materia, energía, espacio y tiempo, y cuando estas cosas han sido agudamente dolorosas para él, comienza a declinar físicamente, a volverse menos competente mentalmente y a fallar en la vida. Estas preguntas están dirigidas hacia la rehabilitación de su capacidad para controlar organismos y el universo físico.

Antes de Dianética, se pensaba erróneamente que un individuo estaba cuerdo mientras se adaptara a su entorno. Nada podría ser menos funcional que este postulado de "adaptación"; y si alguien se hubiera preocupado por compararlo con la realidad, habría descubierto que el éxito del hombre depende de su capacidad de cambiar y controlar su entorno. El hombre tiene éxito debido a que adapta su entorno a sí mismo, no adaptándose él al entorno. El postulado de "adaptación" es sin duda engañosamente peligroso, ya que intenta inculcar en el individuo la creencia de que debe ser esclavo de su entorno. Esta filosofía es peligrosa porque a la gente así disciplinada se la puede esclavizar en el último de todos los cementerios, el estado de beneficencia social. Sin embargo, este postulado es muy útil en caso de que uno desee someter o anular a los seres humanos para sus propios fines. Los esfuerzos tendentes a la adaptación de los hombres a su entorno, dándoles "entrenamiento social", castigándolos si son malos e intentando dominarlos y subyugarlos por otros medios, han llenado a reventar las prisiones y los sanatorios mentales de la sociedad. Si alguien se hubiera tomado la molestia de observar el universo real, habría descubierto la verdad al respecto: no se puede domar a un organismo viviente forzándolo a adoptar un estado "adaptado" y pretender aún que siga siendo amable y capaz. Por ejemplo, cualquier entrenador de caballos sabe que no debe domar a un caballo forzándolo o sometiéndolo si se desea conservar sus habilidades. Pero como decían en el ejército, las mulas son mucho más caras que los hombres, y quizás al pensamiento anterior a Dianética no le interesara conservar al hombre en un estado feliz. Sin embargo, no se debe ser muy severo con estas escuelas anteriores de pensamiento, ya que no tenían conocimiento de las leyes naturales del pensamiento, y al no tenerlo, los criminales sólo podían ser castigados y no curados, y al demente sólo se le podía llevar hasta los últimos restos de la docilidad. Según estas escuelas de pensamiento, cuanto más cerca de la muerte mejor, como lo atestiguan la "terapia" de electrochoque[1] o la cirugía cerebral; esfuerzos de parte de los médicos mentales por aproximarse a la eutanasia tanto como fuera posible sin cruzar los límites del hecho legal de la muerte. Estas escuelas del pasado se han colocado ahora bajo el ala de Dianética, la cual abarca todos los campos del pensamiento, y están siendo reeducadas. Se ha descubierto que abandonan rápidamente las "terapias" de castigo, tan pronto como comprenden completamente que no son necesarias, ahora que se conocen las leyes naturales del pensamiento y la conducta. Sin embargo, uno no puede dejar de reprimir un estremecimiento ante el destino de los cientos de miles de conejillos de indias humanos cuyas vidas y personas fueron arruinadas por los métodos de eutanasia empleados en las épocas obscuras de la sinrazón.

Tu salud depende casi completamente de tu confianza en tu capacidad de controlar el universo físico que te rodea y de cambiar y adaptar el entorno para que puedas sobrevivir en él. Es de hecho ilusorio que no puedas controlar capazmente tu entorno; una ilusión implantada[2] en el pasado por gente aberrada, durante momentos en que estabas inconsciente y no podías defenderte, o cuando eras pequeño y se te descaminó e infligió dolor, aflicción y malestar, y no tuviste modo de ejercer tu derecho de desenvolverte en tu entorno.

En el lago Tanganica[3], los nativos tienen una forma muy interesante de pescar. Allá, en el ecuador, el sol cae directamente atravesando el agua clara. Los nativos cogen trozos de madera y los amarran a lo largo de una cuerda. Tienden esta cuerda entre dos canoas, y con éstas en posición paralela comienzan a remar hacia aguas poco

1. "terapia" de electrochoque: no hay ninguna razón terapéutica para dar electrochoques a nadie, y en los registros no hay casos auténticos de alguien al que se le haya curado de algo con electrochoques.

2. implante: un medio doloroso y violento de agobiar a un ser con un propósito artificial o conceptos falsos en un intento malicioso de controlarlo y suprimirlo.

3. lago Tanganica: un lago de África central entre Zaire y Tanzania. Es el segundo lago de agua dulce más grande de África, con una longitud de 450 millas.

profundas. En el momento que llegan a los bajíos, los bancos de peces se apilan y apiñan en las rocas hacia la playa. Los trozos de madera en la cuerda crean sombras que llegan hasta el fondo del lago; y los peces, viendo la aproximación de estas sombras y las barras aparentemente sólidas que forman en el agua, nadan temerosamente alejándose de ellas, y así son atrapados.

Un hombre puede ser dirigido, acosado e interrogado por gente aberrada a su alrededor, hasta que él también cree que las sombras son realidad. Si tan sólo se acercara hacia ellas, descubriría cuán finas y penetrables son. Sin embargo, su conducta usual es retirarse de ellas; y al final se va a encontrar que está en las sombras de la salud deficiente, los sueños frustrados y un completo repudio de sí mismo y del universo físico.

Un trasfondo mecánico considerable de la actividad y peculiaridades de la energía del pensamiento permite que estas listas, cuando se usan adecuadamente, logren el mejoramiento que logran del estado del ser; pero por encima de estos aspectos mecánicos, el simple reconocimiento de que ha habido ocasiones en la vida en que uno controló el universo físico cuando fue necesario y estuvo en armonía con los organismos que lo rodeaban, valida la realidad de su capacidad.

Atrapado por la ilusión de las palabras, sometido a obediencia por medios físicos cuando era un chiquillo, el hombre está sujeto a su mayor sombra e ilusión: *el lenguaje*. Las palabras "ven aquí" dichas enérgicamente, no tienen capacidad física real para atraer al individuo hacia el que habla. Sin embargo, puede acercarse aun cuando tenga miedo de hacerlo. Se ve impulsado a acercarse porque, en los primeros períodos de su vida, se le ha hecho "venir aquí" mediante fuerza física tantas veces, mientras se decían las palabras "ven aquí", que está entrenado muy a la manera de un perro a obedecer una señal. La fuerza física que le hizo aproximarse está fuera de su vista, y en su lugar se encuentra la sombra "ven aquí". Así, en esa medida, pierde su autodeterminación en el tema de "ven aquí". A medida que la vida avanza, comete el gran error de suponer que las palabras tienen fuerza e importancia. Con palabras, los que lo rodean ponen sus jaulas de sombras. Lo restringen de hacer esto, lo obligan a hacer aquello, y casi hora a hora y día a día es dirigido por torrentes de palabras que (en la sociedad común) no buscan ayudarlo sino reprimirlo por medio del miedo a los demás. Esta catarata de lenguage es eficaz sólo porque sustituye períodos en que fue físicamente impulsado a aceptar, contra sus deseos, cosas que no quería, cuidar cosas que realmente no utilizaba o no le gustaban, ir a donde no quería ir, y hacer lo que no quería hacer. El lenguaje es bastante aceptable cuando se entiende como el *símbolo* del acto o la cosa, pero la palabra "cenicero" no es ningún substituto de un cenicero. Si no lo crees, trata de poner tus cenizas en las ondas del aire que se llevaron la palabra "cenicero". Llámese plato o elefante, el objeto que hace de cenicero sirve igual.

Entonces, por el truco del lenguaje, un truco mágico y completamente insustancial, el hombre trata de ordenar la vida del hombre para su propia ventaja; y los hombres, enjaulados por las sombras, observan y creen para su propio daño.

Todos los lenguajes se derivan de la observación de la materia, energía, espacio y tiempo y otros organismos del entorno. No hay palabra que no se derive y que no tenga la connotación del universo físico y otros organismos.

Así, cuando contestes a estas preguntas recordando los incidentes que éstas evocan, asegúrate de no evocar incidentes de lenguaje sino incidentes de acción. No se trata de que obtengas la ocasión en que se te *dijo* que hicieras algo; se trata de la ocasión en que llevaste a cabo la *acción*. No tienes que conectar el lenguaje con la acción en ninguna forma, pero encontrarás, a medida que contestas las preguntas de cualquiera de estas listas, que el valor del lenguaje comienza a devaluarse considerablemente y que, por extraño que parezca, ese lenguaje se volverá más útil para ti.

Puedes recordar una ocasión en que:

- ☐ *Vista*
- ☐ *Olfato*
- ☐ *Tacto*
- ☐ *Color*
- ☐ *Tono*
- ☐ *Movimiento externo*
- ☐ *Emoción*
- ☐ *Volumen*
- ☐ *Posición del cuerpo*
- ☐ *Sonido*
- ☐ *Peso*
- ☐ *Movimiento personal*

1. Moviste un objeto.
2. Te movió un objeto.
3. Lanzaste al aire un ser vivo.
4. Bajaste escaleras.
5. Adquiriste algo que querías.
6. Creaste algo bueno.
7. Te sentiste grande en cierto espacio.
8. Te causó orgullo mover algo pesado.

9. Controlaste bien la energía.

10. Encendiste un fuego.

11. Perdiste algo que no querías.

12. Hiciste que alguien aceptara algo a la fuerza.

13. Favoreciste la supervivencia.

14. Empleaste tiempo placenteramente.

15. Cerraste un espacio.

16. Fuiste amo de tu propio tiempo.

17. Abriste un espacio.

18. Controlaste bien una máquina.

19. Paraste una máquina.

20. Levantaste un objeto.

21. Te agachaste.

22. Destruiste algo que no querías.

23. Mejoraste algo.

24. Un organismo que no te gustaba se alejó de ti.

- ☐ *Vista*
- ☐ *Olfato*
- ☐ *Tacto*
- ☐ *Color*
- ☐ *Tono*
- ☐ *Movimiento externo*
- ☐ *Emoción*
- ☐ *Volumen*
- ☐ *Posición del cuerpo*
- ☐ *Sonido*
- ☐ *Peso*
- ☐ *Movimiento personal*

25. Obtuviste algo que querías.

26. Mantuviste a una persona.

27. Acercaste hacia ti a alguien que te gustaba.

28. Abandonaste un espacio que no te gustaba.

29. Conquistaste energía.

30. Destruiste un ser vivo malo.

31. Controlaste bien un fluido.

32. Juntaste una cantidad de objetos agradables.

33. Colocaste en un espacio una cantidad de objetos.

34. Tiraste objetos indeseados.

35. Dispersaste muchos objetos.

36. Hiciste pedazos un objeto indeseado.

37. Llenaste un espacio.

38. Regulaste el tiempo de otro.

39. Mantuviste cerca un objeto que querías.

- ☐ *Vista*
- ☐ *Olfato*
- ☐ *Tacto*
- ☐ *Color*
- ☐ *Tono*
- ☐ *Movimiento externo*
- ☐ *Emoción*
- ☐ *Volumen*
- ☐ *Posición del cuerpo*
- ☐ *Sonido*
- ☐ *Peso*
- ☐ *Movimiento personal*

40. Mejoraste un objeto.

41. Vaciaste un espacio que querías.

42. Te alejaste a una distancia.

43. Dejaste pasar el tiempo.

44. Hiciste lo que tú querías hacer.

45. Derrotaste a un ser vivo.

46. Evadiste la dominación.

47. Te diste cuenta que estabas viviendo tu propia vida.

48. Sabías que no tenías que hacerlo.

49. Te escapaste de un espacio peligroso.

50. Iniciaste una época agradable.

- ☐ *Vista*
- ☐ *Olfato*
- ☐ *Tacto*
- ☐ *Color*
- ☐ *Tono*
- ☐ *Movimiento externo*
- ☐ *Emoción*
- ☐ *Volumen*
- ☐ *Posición del cuerpo*
- ☐ *Sonido*
- ☐ *Peso*
- ☐ *Movimiento personal*

Ayudas para acordarse

Acordarse se deriva directamente, por supuesto, de acción en el universo físico. ¿Cómo enseñaría un sordomudo a un niño a acordarse? Sería necesario que continuara imponiéndole al niño objetos o acciones cuando el niño los abandonara o los omitiera. Aunque los padres no son sordomudos, los niños en edades muy tempranas no entienden el lenguaje; y como consecuencia, aprenden a *acordarse* cuando se les enfoca su atención hacia acciones y objetos, espacios y tiempo. Que se le impongan cosas sin su acuerdo; viola la autodeterminación del individuo y, por tanto, su capacidad de controlarse a sí mismo. Se puede decir que esto es responsable en parte de la "memoria deficiente", de la cual la gente alardea o se queja.

Debido a que el individuo aprende el lenguaje al nivel del universo físico y la acción en él comprendida, podría decirse que hace con sus pensamientos lo que se le ha obligado a hacer con la materia, energía, tiempo y espacio en su entorno. Así, si éstos le fueron impuestos y él no los quería, después de un tiempo empezará a rechazar los pensamientos que se refieran a esos objetos; pero si estos objetos, espacio, tiempo y acciones le son impuestos con suficiente constancia, a la larga caerá en apatía en relación a ellos. No los querrá, pero piensa que tiene que aceptarlos. Más tarde, en la escuela, todo su sustento parece depender de que pueda o no acordarse del "conocimiento" que le ha sido impuesto.

El nivel de acordarse en el universo físico, entonces, es retener materia, energía, espacio y tiempo. Para mejorar la memoria, basta con rehabilitar en el individuo su opción de aceptar el universo material.

Al contestar estas preguntas, se debe poner particular atención en los incidentes más felices. Inevitablemente aparecerán muchos incidentes infelices, pero cuando sea posible la selección, se debe hacer hincapié en los incidentes felices o analíticos.

Esta lista no pretende pedirte que te acuerdes de ocasiones en que te acordaste. Se refiere a la adquisición de cosas que quisiste adquirir.

Puedes acordarte de una ocasión en que:

- ☐ *Vista*
- ☐ *Olfato*
- ☐ *Tacto*
- ☐ *Color*
- ☐ *Tono*
- ☐ *Movimiento externo*
- ☐ *Emoción*
- ☐ *Volumen*
- ☐ *Posición del cuerpo*
- ☐ *Sonido*
- ☐ *Peso*
- ☐ *Movimiento personal*

1. Adquiriste algo que querías.
2. Tiraste algo que no querías.
3. Abandonaste algo que sabías que tenías que tener.
4. Se te asignó un tiempo para hacer algo y tú hiciste otra cosa.
5. Te metiste en un espacio en el que no tenías que estar.
6. Dejaste el lugar donde debías estar.
7. Fuiste feliz por haber adquirido algo que no te podías permitir.
8. Desafiaste alegremente las instrucciones que se te habían dado.
9. Se te mandó ir a un lugar y decidiste ir a otro.
10. Escogiste tu propia ropa.
11. Te pusiste algo a pesar de lo que la gente pudiera pensar.
12. Te deshiciste de algo que te aburría.

13. Te alegró poder escoger un objeto entre dos.

14. No bebiste más de lo que querías.

15. Te negaste a comer, con éxito.

16. Hiciste lo que quisiste contigo mismo.

17. Hiciste lo que quisiste con una persona más pequeña.

18. Tuviste razón al no haber aceptado algo.

19. Regalaste algo que te habían regalado.

20. Destruiste un objeto que alguien te impuso.

21. Tuviste algo que querías y lo conservaste bien.

22. Maliciosamente, estropeaste tus zapatos.

23. No leíste el libro que te habían dado.

24. Te negaste a ser poseído.

25. Cambiaste las órdenes de alguien.

☐ *Vista*
☐ *Olfato*
☐ *Tacto*
☐ *Color*
☐ *Tono*
☐ *Movimiento externo*
☐ *Emoción*
☐ *Volumen*
☐ *Posición del cuerpo*
☐ *Sonido*
☐ *Peso*
☐ *Movimiento personal*

26. Te dormiste donde tú quisiste.

27. Te negaste a bañarte.

28. Echaste a perder una prenda de vestir y te sentiste feliz con ello.

29. Obtuviste lo que querías.

30. Recuperaste algo que habías perdido.

31. Conseguiste a la persona que querías.

32. Rechazaste un socio.

33. Tiraste las mantas de la cama.

34. Te saliste con la tuya.

35. Te diste cuenta que habías hecho bien en rechazarlo.

- ☐ *Vista*
- ☐ *Olfato*
- ☐ *Tacto*
- ☐ *Color*
- ☐ *Tono*
- ☐ *Movimiento externo*
- ☐ *Emoción*
- ☐ *Volumen*
- ☐ *Posición del cuerpo*
- ☐ *Sonido*
- ☐ *Peso*
- ☐ *Movimiento personal*

Sección sobre olvido

Generalmente se admite que lo contrario de *acordarse* es *olvidar.* La gente se puede confundir fácilmente con estas dos cosas, así que se olvidan de lo que piensan que debían acordarse y se acuerdan de lo que piensan que debían olvidar. La confusión básica y fundamental entre *olvidar* y *acordarse* tiene que ver, evidentemente, con lo que se le ha hecho al individuo a nivel físico y con lo que le ha sido impuesto y se le ha quitado en términos de materia, energía, espacio y tiempo.

La palabra *olvidar* se apoya para su definición en la acción de abandonar algo. ¿Cómo enseñaría un sordomudo a un niño a olvidar algo? Por supuesto tendría que ocultarlo o quitárselo constantemente hasta que cayera en apatía y no quisiera tener nada más que ver con ello. Si hiciera esto suficientemente, de manera que el niño abandonara el objeto, se podría decir que el niño había olvidado el objeto, ya que él o cualquier otra persona hará con sus pensamientos lo que ha hecho con la materia, energía, espacio, tiempo y organismo que le rodean, al ser los pensamientos una aproximación en forma simbólica del universo físico. Si se ha obligado a un niño a dejar o abandonar objetos, energías, espacios y tiempos, más adelante, cuando oiga la palabra *olvidar*, significará que tiene que abandonar un determinado pensamiento, y si está en apatía con relación a la pérdida de objetos impuesta o al hecho de que se los hayan quitado en su infancia, procederá a olvidarlos completamente.

Podría decirse que un individuo ocluirá tantos pensamientos como objetos haya tenido que abandonar o perder en la vida. El dolor en sí es una pérdida acompañada regularmente de la pérdida de células del cuerpo. Así, la pérdida de objetos u organismos que sufrió el individuo puede haberse interpretado equivocadamente como dolorosa. Puede decirse entonces que ciertos recuerdos son dolorosos, cuando en realidad no contienen dolor físico; pero el individuo debe antes haber tenido dolor físico para entender que la pérdida significa dolor.

En el entrenamiento de un niño, el castigo con frecuencia forma parte de las ocasiones en que debe dejar algo. Así, tener que dejar algo equivale a tener dolor. Así, acordarse de algo que se supone que hay que olvidar puede ser erróneamente juzgado como doloroso, y de hecho no lo es.

Existe toda una filosofía que dice que lo mejor que se puede hacer con los pensamientos desagradables es olvidarlos. Esto se basa con seguridad en una apatía ocasionada por entrenamiento anterior.

Cuando un niño pide un objeto, estará primero feliz; y cuando no lo obtenga, se enfadará; y si sigue sin obtenerlo, puede que llore y, por último, cae en apatía en relación a él y dice que ya no lo quiere. Este es uno de los orígenes de la escala tonal de Dianética, y cualquiera puede observarlo.

Estas preguntas son, entonces, un esfuerzo por superar ocasiones en que uno tuvo que dejar cosas, cuando tuvo que perderlas y cuando se le impuso una pérdida. Así, cuando contestes a estas preguntas, estaría muy bien tratar de encontrar varios incidentes para cada una, particularmente uno muy antiguo.

Puedes recordar un incidente en el que:

- ☐ *Vista*
- ☐ *Olfato*
- ☐ *Tacto*
- ☐ *Color*
- ☐ *Tono*
- ☐ *Movimiento externo*
- ☐ *Emoción*
- ☐ *Volumen*
- ☐ *Posición del cuerpo*
- ☐ *Sonido*
- ☐ *Peso*
- ☐ *Movimiento personal*

1. Apartaste algo porque pensaste que era peligroso y no lo era.
2. Adquiriste algo que no debías tener y lo conservaste.
3. Te metiste alegremente en todo lo que se suponía deberías dejar a un lado.
4. Regresaste a algo de lo cual se te había retirado.
5. Encontraste que la precaución de dejar algo era infundada.
6. Destruiste alegremente un objeto caro.
7. Tiraste algo que querías.
8. Jugaste con alguien con quien no debías juntarte.

9. Tuviste razón en desobedecer.

10. Leíste un libro prohibido.

11. Disfrutaste teniendo cosas.

12. Adquiriste un objeto peligroso y lo disfrutaste.

13. Robaste algo de comida y eso te alegró.

14. Comiste exactamente lo que te apeteció.

15. Reparaste con éxito alguna instalación eléctrica.

16. Jugaste con fuego.

17. Condujiste peligrosamente, con éxito.

18. Tocaste algo a pesar de todas las advertencias.

19. Te saliste con la tuya.

20. Ella te dejó plantado(a).

21. Tú y algunos amigos coleccionásteis objetos.

22. Tocaste con felicidad algo prohibido.

- ☐ *Vista*
- ☐ *Olfato*
- ☐ *Tacto*
- ☐ *Color*
- ☐ *Tono*
- ☐ *Movimiento externo*
- ☐ *Emoción*
- ☐ *Volumen*
- ☐ *Posición del cuerpo*
- ☐ *Sonido*
- ☐ *Peso*
- ☐ *Movimiento personal*

23. Lo obtuviste de cualquier forma.

24. Fuiste a donde no debías ir y disfrutaste de ello.

25. Poseíste algo que en una ocasión estuvo prohibido.

26. El te dejó plantado(a).

27. Tiraste algo que habías tenido que aceptar.

28. Encontraste algo que te habían escondido.

29. Adquiriste un hábito que se suponía que no debías de tener y lo disfrutaste.

30. Tenías razón y ellos no la tenían.

31. Disfrutaste en un lugar prohibido.

32. Se suponía que no debías hacerlo y lo hiciste.

33. La gente se alegró de haberse equivocado respecto a ti.

34. Recobraste algo que alguien había tirado.

- ☐ *Vista*
- ☐ *Olfato*
- ☐ *Tacto*
- ☐ *Color*
- ☐ *Tono*
- ☐ *Movimiento externo*
- ☐ *Emoción*
- ☐ *Volumen*
- ☐ *Posición del cuerpo*
- ☐ *Sonido*
- ☐ *Peso*
- ☐ *Movimiento personal*

- ☐ *Vista*
- ☐ *Olfato*
- ☐ *Tacto*
- ☐ *Color*
- ☐ *Tono*
- ☐ *Movimiento externo*
- ☐ *Emoción*
- ☐ *Volumen*
- ☐ *Posición del cuerpo*
- ☐ *Sonido*
- ☐ *Peso*
- ☐ *Movimiento personal*

35. Intimidaste a alguien para que te diera algo que querías.

36. Continuaste con este procesamiento a pesar de lo que se dijo.

37. Continuaste haciendo algo hasta que estuvieron de acuerdo en que tenías derecho a hacerlo.

38. De repente te diste cuenta que podías hacer cualquier cosa que desearas con un objeto.

39. Hiciste algo peligroso y saliste airoso de ello.

40. Tu grupo finalmente obtuvo algo que se le había negado.

41. Te diste cuenta que ya no tenías que estar ahí sentado.

42. Te diste cuenta que ya nunca más tenías que ir al colegio.

43. Te diste cuenta que era el descanso.

44. Dejaste de ir a clase voluntariamente.

45. Hiciste que algo se pareciera a otra cosa.

46. Te diste cuenta que un adulto había cometido un error.

47. Descubriste que no era lo que ellos habían dicho.

48. Descubriste que eras amo de todas tus posesiones.

49. Descubriste que no necesariamente tenías que dormir de noche.

- ☐ *Vista*
- ☐ *Olfato*
- ☐ *Tacto*
- ☐ *Color*
- ☐ *Tono*
- ☐ *Movimiento externo*
- ☐ *Emoción*
- ☐ *Volumen*
- ☐ *Posición del cuerpo*
- ☐ *Sonido*
- ☐ *Peso*
- ☐ *Movimiento personal*

50. Aunque sentiste que tenías que comértelo, lo dejaste.

51. Comiste algo que no era bueno para ti y lo disfrutaste.

52. Te permitiste enfurecerte y te alegraste de ello.

53. De repente decidiste que no podías ser tan malo.

54. Abriste una puerta prohibida.

55. Lo hiciste ir muy rápido cuando debería haber ido despacio.

56. Desperdiciaste algún tiempo.

57. Encontraste amor donde no sabías que lo había.

58. Abandonaste a alguien y te alegraste de ello.

59. Te rehusaste a abandonar ese momento.

60. Te escabulliste y encendiste un fuego.

61. No te habías dado cuenta que podía ser tan bueno.

62. Descubriste que no era malo jugar.

63. No podías ver qué había de malo en el placer.

64. Dejaste de hacer algo que tenías que hacer para hacer algo que disfrutaste.

65. Adquiriste un lugar que en otro tiempo no habrías tenido.

66. Diste rienda suelta a tus caprichos.

67. No te pudieron alejar de algo.

68. Te rehusaste con éxito a ir a la mesa.

69. Te quemaste de todos modos y no importó.

70. Te deshiciste de un objeto y adquiriste libertad.

- ☐ *Vista*
- ☐ *Olfato*
- ☐ *Tacto*
- ☐ *Color*
- ☐ *Tono*
- ☐ *Movimiento externo*
- ☐ *Emoción*
- ☐ *Volumen*
- ☐ *Posición del cuerpo*
- ☐ *Sonido*
- ☐ *Peso*
- ☐ *Movimiento personal*

Factores de supervivencia

Desde el punto de vista del individuo, son muy importantes las características de supervivencia de la gente, los organismos, la materia, energía, espacio y tiempo, ya que el impulso básico de la vida es supervivencia, y la buena supervivencia debe contener abundancia. El incentivo para la supervivencia es la adquisición de placer. La amenaza del dolor es el impulso que aleja de la muerte. Los ideales elevados y la ética acrecientan las potencialidades del individuo y del grupo para sobrevivir. La inmortalidad es la supervivencia máxima.

Los factores que componen la vida pueden volverse contradictorios, ya que una cosa puede, en sí misma, ayudar a la supervivencia o inhibir la supervivencia. Un cuchillo en la mano, por ejemplo, es prosupervivencia, pero contrasupervivencia cuando algún otro te lo pone en el pecho. A medida que una persona avanza en la vida, se va confundiendo respecto al valor de supervivencia de determinadas personas y de diversos objetos, energía, espacio y tiempo. El individuo desea supervivencia para sí mismo, para su familia, para sus hijos, para su grupo, para la vida en general y el universo físico. La capacidad del individuo de evaluar su entorno, en cuanto a si favorece u obstaculiza la supervivencia, se deteriora al confundir una cosa con otra y contemplar que algo que en una ocasión fue prosupervivencia se vuelve contrasupervivencia, o al contemplar entidades de contrasupervivencia asumir cualidades de supervivencia.

Por supuesto, como mejor sobrevive un individuo, una familia, un grupo, es cuando las entidades prosupervivencia están cerca y a su alcance y cuando no hay entidades contrasupervivencia. Podría decirse que la lucha de la vida es el logro de factores prosupervivencia y la aniquilación, destrucción o destierro de factores contrasupervivencia.

La emoción está regulada directamente por los factores prosupervivencia y contrasupervivencia de la vida. Cuando un individuo adquiere y tiene en su proximidad una entidad fuerte de supervivencia, como otra persona, animal u objeto, es *feliz*. A medida que esta entidad de prosupervivencia se aleja de él, su reacción emocional se deteriora en relación directa a la confianza que tiene en su capacidad de recuperarla. Según ésta amenaza con alejarse, el individuo se pone *antagónico* y pelea por tenerla cerca de él. Si su partida parece evidente, se *enojará* y tratará de impedir que la entidad se vuelva prosupervivencia para otra forma de vida; y si él está seguro que la ha perdido, hasta la destruirá. El individuo experimenta *miedo* de que la pérdida sea permanente cuando se da cuenta de cuál podría ser su estado, el de su familia, los hijos o el grupo con la entidad de prosupervivencia lejos. Cuando reconoce lo que él cree ser la ausencia casi irrecuperable de esta entidad prosupervivencia, experimenta *aflicción*. Cuando considera que esta pérdida es permanente, experimenta *apatía*, y en apatía puede llegar al extremo de decir que no la quería. En realidad, en la escala tonal de emoción, desde antagonismo hasta aflicción, la persona está todavía peleando por recuperarla y solamente en apatía la abandona y la niega.

En el caso de una persona, animal, objeto, energía, espacio o tiempo que amenaza la supervivencia de un individuo, su familia, sus hijos o su grupo, se puede obtener la mejor supervivencia cuando tal entidad ha sido desterrada o destruida o está tan lejos como sea posible del individuo, su familia, sus hijos o su grupo. En el caso de un perro rabioso, el mayor peligro existe cuando está cerca, y la mayor seguridad existe cuando está más distante o ausente. Tratándose de objetos de contrasuperviviencia tenemos entonces la escala tonal a la inversa. Cuando el objeto contrasupervivencia está presente y no puede ser alejado, el individuo experimenta apatía. Cuando un individuo cree que es amenazado o cuando siente que su familia, sus hijos, o su grupo son amenazados por un objeto contrasupervivencia, hasta el punto que no puede rechazarlo fácilmente, experimenta aflicción, ya que la aflicción contiene cierta esperanza de victoria si logra despertar la compasión de sus aliados. Cuando una entidad contrasupervivencia amenaza aproximarse, se experimenta miedo, siempre y cuando uno sienta que no es posible el ataque directo. Si el objeto contrasupervivencia está cerca, pero el individuo, su familia, sus hijos o su grupo sienten que pueden vencerlo, aun cuando esté demasiado cerca, se produce enojo. Si existe la posibilidad de que una entidad contrasupervivencia pudiera acercarse, se demuestra antagonismo. Por encima de este nivel, los objetos contrasupervivencia pueden estar más y más distantes o pueden manejarse con facilidad, hasta un punto en el que el individuo puede incluso estar alegre con respecto a ellos, en cuyo momento, tales objetos están ausentes o se pueden manejar fácilmente.

Los individuos caen en un estado emocional fijo con respecto a su entorno cuando los objetos contrasupervivencia se mantienen en el entorno de una forma demasiado estática o cuando los objetos prosupervivencia son demasiado difíciles de obtener y no pueden ser conseguidos, atraídos o parecen tender a alejarse. Mezclada con estos estados emocionales, está la confusión causada por la capacidad embotada de diferenciar entre la calidad de prosupervivencia y de contrasupervivencia de una entidad.

Un progenitor es contrasupervivencia cuando castiga, es demasiado grande y no se le puede apoyar, lo cual disminuye las potencialidades de supervivencia del niño. Por otro lado el mismo progenitor proporciona comida, vestido y refugio; y también, pero no menos importante, al ser una entidad que ama y puede ser amada, es una entidad prosupervivencia. Entonces la ausencia completa del progenitor no es un estado satisfactorio de supervivencia. La presencia del progenitor no es un estado satisfactorio de supervivencia, por lo tanto resulta una indecisión y el individuo demuestra angustia hacia el progenitor. Pero esta angustia existe debido a muchas situaciones ocultas que se remontan al principio de la vida del individuo. Las siguientes preguntas están diseñadas para permitir al individuo evaluar de nuevo la naturaleza prosupervivencia y contrasupervivencia de personas, animales, objetos, energías, espacio y tiempo en general.

Puedes recordar una ocasión en que:

- ☐ *Vista*
- ☐ *Olfato*
- ☐ *Tacto*
- ☐ *Color*
- ☐ *Tono*
- ☐ *Movimiento externo*
- ☐ *Emoción*
- ☐ *Volumen*
- ☐ *Posición del cuerpo*
- ☐ *Sonido*
- ☐ *Peso*
- ☐ *Movimiento personal*

1. Una persona que te disgustaba estaba cerca.
2. Un individuo que te agradaba estaba por encima de ti.
3. Finalmente aceptaste a una persona que te agradaba.
4. Disfrutaste acompañando a una persona que te caía bien.
5. Estabas en contra de una persona que te agradaba.
6. Conseguiste a una persona que te agradaba.
7. Tú y una persona que te gustaba os entregásteis a una acción placentera.

8. Lo que hiciste tuvo como resultado que te libraras de alguien que no te gustaba.

9. Gozaste viendo a alguien que admirabas.

10. Avanzaste hacia una persona que te gustaba.

11. Adquiriste un objeto que adorabas.

12. Sabías que alguien sentía afecto por ti.

13. Te alejaste de una persona a la que tenías miedo.

14. Caminaste detrás de una persona que te gustaba.

15. Una persona que te gustaba te ayudó.

16. Tú y gente que te gustaba estábais todos juntos.

17. Casi te topaste con alguien que te desagradaba.

18. Te alegraste de estar solo.

19. Alguien apoyó tu ambición.

- ☐ *Vista*
- ☐ *Olfato*
- ☐ *Tacto*
- ☐ *Color*
- ☐ *Tono*
- ☐ *Movimiento externo*
- ☐ *Emoción*
- ☐ *Volumen*
- ☐ *Posición del cuerpo*
- ☐ *Sonido*
- ☐ *Peso*
- ☐ *Movimiento personal*

20. Estabas entre gente que te gustaba.

21. Encontraste alguien afable.

22. Una persona te divirtió.

23. Finalmente no tuviste que estar angustiado.

24. De repente apareció una persona que te gustaba.

25. Tenías buen apetito.

26. Te acercaste a alguien que respetabas.

27. Alguien te dio su aprobación.

28. Apareció una persona que te gustaba.

29. Te atrajo la belleza de alguien.

30. Disfrutaste de una llegada.

31. Descubriste que no tenías que avergonzarte.

32. Alguien que te gustaba estaba dormido.

33. Atacaste a un enemigo exitosamente.

- ☐ *Vista*
- ☐ *Olfato*
- ☐ *Tacto*
- ☐ *Color*
- ☐ *Tono*
- ☐ *Movimiento externo*
- ☐ *Emoción*
- ☐ *Volumen*
- ☐ *Posición del cuerpo*
- ☐ *Sonido*
- ☐ *Peso*
- ☐ *Movimiento personal*

34. Una persona que respetabas te ayudó.

35. Disfrutaste de un socio.

36. Te sentiste seguro con una persona que te agradaba.

37. Te asombró encontrar que alguien te respetaba después de todo.

38. Atacaste a alguien que no te gustaba.

39. Estabas muy apegado a un amigo.

40. Alguien que te gustaba te prestó atención.

41. Fuiste atractivo para alguien.

42. Te despertó alguien con quien estabas encariñado.

43. Te alegró encontrar que alguien era malo.

44. Jugaste a la pelota.

45. Jugaste a una batalla con niños.

46. Alguien te consideró guapo.

- ☐ *Vista*
- ☐ *Olfato*
- ☐ *Tacto*
- ☐ *Color*
- ☐ *Tono*
- ☐ *Movimiento externo*
- ☐ *Emoción*
- ☐ *Volumen*
- ☐ *Posición del cuerpo*
- ☐ *Sonido*
- ☐ *Peso*
- ☐ *Movimiento personal*

47. Descubriste que te habías encariñado con alguien.

48. Alguien que te desagradaba te suplicó.

49. Comenzaste una amistad.

50. Descubriste que no tenías que comportarte.

☐ *Vista*
☐ *Olfato*
☐ *Tacto*
☐ *Color*
☐ *Tono*
☐ *Movimiento externo*
☐ *Emoción*
☐ *Volumen*
☐ *Posición del cuerpo*
☐ *Sonido*
☐ *Peso*
☐ *Movimiento personal*

51. Alguien que te desagradaba estaba detrás de ti.

52. Estabas por debajo de alguien que te gustaba.

53. Alguien a quien le tenías cariño te venció.

54. Estabas al lado de tu amigo favorito.

55. Descubriste que eras más querido de lo que pensabas.

56. Estabas entre dos amigos.

57. Mordiste a alguien que te desagradaba.

58. Decidiste ignorar una falta.

59. Te gustó alguien que era negro.

60. Alguien te pidió que soplaras fuerte.

61. La pregunta de alguien te hizo ruborizarte con placer.

62. Alguien te hizo sentir valiente.

63. Te alegró que alguien hubiera nacido.

64. Nadie te pudo molestar.

65. Habías alcanzado el fondo y empezaste a subir.

66. Hiciste una reverencia a un amigo.

67. Estabas en un palco con una persona agradable.

68. Fuiste hospitalario con alguien qu te agradaba.

69. Desayunaste con alguien que te agradaba.

70. Alguien te gustaba tanto que difícilmente podías respirar.

71. Le trajiste un regalo a alguien.

72. Te rozaste con alguien que te agradaba.

- ☐ *Vista*
- ☐ *Olfato*
- ☐ *Tacto*
- ☐ *Color*
- ☐ *Tono*
- ☐ *Movimiento externo*
- ☐ *Emoción*
- ☐ *Volumen*
- ☐ *Posición del cuerpo*
- ☐ *Sonido*
- ☐ *Peso*
- ☐ *Movimiento personal*

73. Alguien te ayudó a construir algo.

74. Alguien besó una quemadura.

75. Eras tan feliz que sentías que ibas a estallar.

76. Enterraste algo que no querías.

77. Estabas demasiado ocupado para ver a un enemigo.

78. Fuiste fiel a alguien.

79. Viste en una jaula algo que no te gustó.

80. Contestaste una llamada de un amigo.

81. Rompiste un bastón.

82. Capturaste a un enemigo.

83. Ya no tuviste que tener cuidado.

84. Descubriste que le importabas a alguien.

85. Gozaste siendo descuidado.

86. Un gato que no te gustaba se alejó de ti.

- ☐ *Vista*
- ☐ *Olfato*
- ☐ *Tacto*
- ☐ *Color*
- ☐ *Tono*
- ☐ *Movimiento externo*
- ☐ *Emoción*
- ☐ *Volumen*
- ☐ *Posición del cuerpo*
- ☐ *Sonido*
- ☐ *Peso*
- ☐ *Movimiento personal*

87. Descubriste que no fuiste la causa.

88. Te diste cuenta que ellos no te podían atrapar.

89. Estabas seguro de un amigo.

90. Descubriste que tenías encanto.

91. Disfrutaste de un niño.

- ☐ *Vista*
- ☐ *Olfato*
- ☐ *Tacto*
- ☐ *Color*
- ☐ *Tono*
- ☐ *Movimiento externo*
- ☐ *Emoción*
- ☐ *Volumen*
- ☐ *Posición del cuerpo*
- ☐ *Sonido*
- ☐ *Peso*
- ☐ *Movimiento personal*

92. Una iglesia te pareció agradable.

93. Descubriste que había amigos en la ciudad.

94. Tú y otros salísteis del aula.

95. Alguien te creyó listo.

96. Encontraste que un enemigo era torpe.

97. No tuviste que vestirte como se te dijo.

98. Tiraste un collar.

99. No tuviste que peinarte.

100. Estabas a gusto con una persona.

101. Viste venir a un enemigo y no le hiciste frente.

102. Pudiste venir como quisiste.

103. Un enemigo tuvo que obedecer tu orden.

104. Encontraste que estabas al mando.

105. Oíste que un enemigo estaba en dificultades.

106. Estabas en buena compañía.

107. Tuviste compasión de un enemigo.

108. Se descubrió que eras una buena compañía.

109. Te sentiste satisfecho.

110. Te escondiste de un enemigo.

111. Condenaste a un enemigo.

112. La gente tuvo confianza en ti.

113. Desconcertaste a un enemigo.

114. Venciste a un enemigo físicamente.

115. Alguien accedió.

116. No te pudiste contener.

117. Viste encogerse a un enemigo.

- ☐ *Vista*
- ☐ *Olfato*
- ☐ *Tacto*
- ☐ *Color*
- ☐ *Tono*
- ☐ *Movimiento externo*
- ☐ *Emoción*
- ☐ *Volumen*
- ☐ *Posición del cuerpo*
- ☐ *Sonido*
- ☐ *Peso*
- ☐ *Movimiento personal*

118. Te mostraste muy adverso.

119. Era difícil contar tus amigos.

120. La gente se dio cuenta que tenías valor.

121. Tu galanteo tuvo éxito.

122. Tuviste una posición dominante sobre un enemigo.

123. Hiciste que un enemigo se arrastrara.

124. Creaste un grupo.

125. Hiciste que alguien dejara de estar enojado.

126. Te alegró estar en una muchedumbre.

127. Hiciste llorar a un enemigo.

128. Curaste a un amigo.

129. Un enemigo se cortó.

130. Perdiste a un enemigo en la oscuridad.

131. Descubriste que algo que no te gustaba estaba muerto.

- ☐ *Vista*
- ☐ *Olfato*
- ☐ *Tacto*
- ☐ *Color*
- ☐ *Tono*
- ☐ *Movimiento externo*
- ☐ *Emoción*
- ☐ *Volumen*
- ☐ *Posición del cuerpo*
- ☐ *Sonido*
- ☐ *Peso*
- ☐ *Movimiento personal*

132. No le hiciste caso a un enemigo.

133. Perdonaste a alguien que te engañó.

134. Hiciste que alguien que no te gustaba se sintiera abatido.

135. Retrasaste una catástrofe.

136. Alguien estaba encantado contigo.

137. No pudiste negar un favor.

138. No pudiste negar lo que querías.

139. Pasaste por alto un defecto en un amigo.

140. Se dependía de ti.

141. Un enemigo recibió su merecido.

142. Tu deseo fue satisfecho.

143. Te alejaste de un enemigo.

144. Un enemigo se alejó de ti.

145. Desesperaste a un enemigo.

146. Tú y otro llegásteis a vuestro destino con éxito.

147. Tu grupo destruyó a un enemigo.

- ☐ *Vista*
- ☐ *Olfato*
- ☐ *Tacto*
- ☐ *Color*
- ☐ *Tono*
- ☐ *Movimiento externo*
- ☐ *Emoción*
- ☐ *Volumen*
- ☐ *Posición del cuerpo*
- ☐ *Sonido*
- ☐ *Peso*
- ☐ *Movimiento personal*

148. Tu determinación venció.

149. Pudiste notar la diferencia.

150. Redujiste a un enemigo.

151. Dispersaste a un grupo que no te gustaba.

152. Descubriste que tenías razón en desconfiar de alguien.

153. Te zambulliste.

154. Había bastante para repartir.

155. No tenías duda de alguien.

156. Controlaste a alguien.

157. Tú y una persona amigable comísteis.

158. Se recompensó tu esfuerzo.

159. Estabas rodeado de amigos.

160. Animaste con éxito a alguien.

161. Le pusiste fin a algo que no te gustaba.

162. Disfrutaste observando que alguien se iba.

- ☐ *Vista*
- ☐ *Olfato*
- ☐ *Tacto*
- ☐ *Color*
- ☐ *Tono*
- ☐ *Movimiento externo*
- ☐ *Emoción*
- ☐ *Volumen*
- ☐ *Posición del cuerpo*
- ☐ *Sonido*
- ☐ *Peso*
- ☐ *Movimiento personal*

163. Sabías que habías tenido bastante y emprendiste acción.

164. Alguien estaba extasiado contigo.

165. Estabas a la altura de cualquiera.

166. Te escapaste de un enemigo.

167. Te vengaste de alguien que no te gustaba.

168. Superaste un examen a pesar de alguien.

169. Estabas emocionado por una llegada.

170. Alguien que no te gustaba se te escapó.

171. Alguien que te desagradaba se fue muy lejos.

172. Descubriste que una persona había sido fiel.

173. Descubriste que ya no tenías por qué tener miedo.

174. Alimentaste a alguien.

175. Descubriste que tus enemigos eran pocos.

- ☐ *Vista*
- ☐ *Olfato*
- ☐ *Tacto*
- ☐ *Color*
- ☐ *Tono*
- ☐ *Movimiento externo*
- ☐ *Emoción*
- ☐ *Volumen*
- ☐ *Posición del cuerpo*
- ☐ *Sonido*
- ☐ *Peso*
- ☐ *Movimiento personal*

176. Encontraste a alguien que habías estado buscando.

177. Decidiste persistir hasta el final.

178. Tu primer enemigo se alejó de ti.

179. Observaste la huida de una persona detestada.

180. Le prohibiste a alguien que se acercara a ti y fuiste obedecido.

181. Usaste la fuerza con alguien exitosamente.

182. Te diste cuenta de que eras libre.

183. Supiste que tenías un amigo.

184. Asustaste a alguien que no te gustaba.

185. Reuniste amigos.

186. Pudiste salir de la verja.

187. La gente descubrió que eras generoso.

188. Ya no tuviste que estar en guardia.

189. La gente te hizo feliz.

- ☐ *Vista*
- ☐ *Olfato*
- ☐ *Tacto*
- ☐ *Color*
- ☐ *Tono*
- ☐ *Movimiento externo*
- ☐ *Emoción*
- ☐ *Volumen*
- ☐ *Posición del cuerpo*
- ☐ *Sonido*
- ☐ *Peso*
- ☐ *Movimiento personal*

190. Le hiciste daño a una persona que no te gustaba.

191. Alguien que te gustaba te apremió.

192. Curaste a un amigo.

193. Ayudaste a un aliado.

194. Tenías un amigo.

- ☐ *Vista*
- ☐ *Olfato*
- ☐ *Tacto*
- ☐ *Color*
- ☐ *Tono*
- ☐ *Movimiento externo*
- ☐ *Emoción*
- ☐ *Volumen*
- ☐ *Posición del cuerpo*
- ☐ *Sonido*
- ☐ *Peso*
- ☐ *Movimiento personal*

195. Obstaculizaste a un enemigo.

196. Alguien te lanzó a mucha altura.

197. Pusiste a un enemigo en un aprieto.

198. Estuviste de acuerdo en que hacía calor.

199. Cazaste a un enemigo.

200. Te acercaste a un grupo apresuradamente.

201. Lastimaste a alguien que necesitabas.

202. Convenciste a alguien de que estuviera ocioso.

203. Ilustraste a un grupo.

204. Descubriste que habías imaginado una injusticia acerca de alguien.

205. Tú y un amigo hicísteis lo imposible.

206. Alguien a quien habías perseguido se presentó.

207. Encontraste que un enemigo era ignorante.

208. Hiciste que se impacientara alguien que no te gustaba.

209. Descubrieron que eras interesante.

210. Tu invento fue apreciado.

211. Hiciste un viaje agradable.

212. Hiciste que alguien se alegrara.

213. Saltaste.

214. Impediste que alguien hiciera algo mal.

215. Viste que echaron a patadas a un enemigo.

216. Superaste el deseo de matar.

217. Alguien se dio cuenta de que eras amable.

- ☐ *Vista*
- ☐ *Olfato*
- ☐ *Tacto*
- ☐ *Color*
- ☐ *Tono*
- ☐ *Movimiento externo*
- ☐ *Emoción*
- ☐ *Volumen*
- ☐ *Posición del cuerpo*
- ☐ *Sonido*
- ☐ *Peso*
- ☐ *Movimiento personal*

218. Te besaron por primera vez.

219. Caíste de pie.

220. Llegaste tarde y no importó.

221. Hiciste reír a la gente.

222. Tú y una persona que te gustaba fuísteis perezosos.

☐ *Vista*
☐ *Olfato*
☐ *Tacto*
☐ *Color*
☐ *Tono*
☐ *Movimiento externo*
☐ *Emoción*
☐ *Volumen*
☐ *Posición del cuerpo*
☐ *Sonido*
☐ *Peso*
☐ *Movimiento personal*

223. Abandonaste a un enemigo.

224. Había uno menos.

225. Cogiste a un enemigo en una mentira.

226. Tú y tu grupo gozásteis de la vida.

227. Te alegró que fuera ligero.

228. Estabas feliz de escuchar.

229. Venciste a alguien más grande que tú.

230. Hiciste que alguien se alegrara de estar vivo.

231. Descubriste que el amor realmente existía.

232. Tu suerte fue excelente.

233. Le arreglaste una máquina a alguien.

234. Recibiste correspondencia agradable.

235. Conociste a un hombre bueno.

236. Alguien imitó tus modales.

237. Tuviste bajo control a un enemigo.

238. Decidiste no casarte.

239. Descubriste que eras el amo.

240. Descubriste que no eras vil.

241. Tuviste un encuentro feliz.

242. Estabas en medio de amigos.

243. Una persona que te caía mal se preocupó por ti.

244. Un amigo despertó tu interés con música.

245. La gente te encontró misterioso.

246. Descubriste que no le caías mal a nadie.

247. Pudiste hacer todo el ruido que quisiste.

- ☐ *Vista*
- ☐ *Olfato*
- ☐ *Tacto*
- ☐ *Color*
- ☐ *Tono*
- ☐ *Movimiento externo*
- ☐ *Emoción*
- ☐ *Volumen*
- ☐ *Posición del cuerpo*
- ☐ *Sonido*
- ☐ *Peso*
- ☐ *Movimiento personal*

248. No tuviste que obedecer.

249. Complaciste a alguien.

250. Descubriste que, después de todo, no te habían visto.

251. Lo convertiste en una ocasión festiva.

252. Ofendiste a alguien que te caía mal.

253. Te sentaste en alguien.

254. Le diste con la puerta en la nariz a un enemigo.

255. Desobedeciste una orden y estuvo bien.

256. Organizaste un juego.

257. Te alegró participar.

258. Estabas contento con un socio.

259. Te pusiste del lado de alguien.

260. Alguien sintió pasión por ti.

261. Tuviste paciencia con una persona tonta.

262. Trajiste la paz.

- ☐ *Vista*
- ☐ *Olfato*
- ☐ *Tacto*
- ☐ *Color*
- ☐ *Tono*
- ☐ *Movimiento externo*
- ☐ *Emoción*
- ☐ *Volumen*
- ☐ *Posición del cuerpo*
- ☐ *Sonido*
- ☐ *Peso*
- ☐ *Movimiento personal*

263. Sentiste lástima por un enemigo.

264. Fuiste mal educado y te sirvió para lo que tú querías.

265. Descubriste que no eras pobre.

266. Te colocaste junto a un amigo.

267. Te sentiste poderoso entre tus amigos.

268. Encontraste que alguien era de mucho valor para ti.

269. Hiciste lo que te dio la gana con una persona.

270. Le diste un regalo a alguien que te gustaba.

271. Evitaste que alguien hiciera algo tonto.

272. Alguien pensó que eras guapo.

273. Descubriste que no querías que alguien fuera a la cárcel.

274. Tuviste razón al apegarte a tus principios.

275. Formaste parte de un desfile.

- ☐ *Vista*
- ☐ *Olfato*
- ☐ *Tacto*
- ☐ *Color*
- ☐ *Tono*
- ☐ *Movimiento externo*
- ☐ *Emoción*
- ☐ *Volumen*
- ☐ *Posición del cuerpo*
- ☐ *Sonido*
- ☐ *Peso*
- ☐ *Movimiento personal*

276. Descubrieron que podías producir.

277. Tú y un amigo progresásteis.

278. Alguien cumplió una promesa.

279. No fue necesaria una prueba.

280. Alguien estuvo orgulloso de ti.

281. Te mantuviste en tu propósito.

282. Se descubrió que eras de buena clase.

283. Paraste un pleito.

284. Descubriste que podías actuar rápidamente.

285. No fue necesario estar callado.

286. Levantaste a un bebé.

287. Descubriste que había poca enemistad.

288. Alguien leyó para ti.

289. Había peligro y tú estabas preparado.

290. Alguien apareció de nuevo inesperadamente.

- ☐ *Vista*
- ☐ *Olfato*
- ☐ *Tacto*
- ☐ *Color*
- ☐ *Tono*
- ☐ *Movimiento externo*
- ☐ *Emoción*
- ☐ *Volumen*
- ☐ *Posición del cuerpo*
- ☐ *Sonido*
- ☐ *Peso*
- ☐ *Movimiento personal*

- ☐ *Vista*
- ☐ *Olfato*
- ☐ *Tacto*
- ☐ *Color*
- ☐ *Tono*
- ☐ *Movimiento externo*
- ☐ *Emoción*
- ☐ *Volumen*
- ☐ *Posición del cuerpo*
- ☐ *Sonido*
- ☐ *Peso*
- ☐ *Movimiento personal*

291. Recibiste a alguien que te gustaba.

292. Reconociste a un amigo.

293. Alguien se refugió en ti.

294. Descubriste que tus remordimientos eran en vano.

295. La gente se alegró contigo.

296. Un amigo volvió a reunirse contigo.

297. Una persona decidió quedarse.

298. Se te consideró notable.

299. Repetiste algo y no te arrepentiste.

300. La gente se dio cuenta que se había dado una imagen falsa de ti.

301. Alguien dijo que te parecías a alguien.

302. Descubriste que no tenías que respetar a alguien.

303. Restauraste una amistad.

304. Conservaste tu buena disposición.

305. Sacaste a la luz un engaño.

306. Un amigo te rozó.

307. Trataste de salvar de la ruina a alguien que te desagradaba.

308. Hiciste que corriera una persona poco amistosa.

309. Curaste la tristeza de alguien.

310. Descubriste la seguridad.

311. Supiste que eras parte de un bello escenario.

312. Tenías razón al denunciar que alguien era un granuja.

313. Hiciste gritar a una persona poco amistosa.

314. Te dio gusto descubrir que alguien no era lo que parecía.

315. Encontraste que después de todo no pensabas en ti todo el tiempo.

316. Mandaste lejos a alguien.

317. Encontraste que una persona no era tan cruel como habías pensado.

318. Hiciste temblar a alguien.

- ☐ *Vista*
- ☐ *Olfato*
- ☐ *Tacto*
- ☐ *Color*
- ☐ *Tono*
- ☐ *Movimiento externo*
- ☐ *Emoción*
- ☐ *Volumen*
- ☐ *Posición del cuerpo*
- ☐ *Sonido*
- ☐ *Peso*
- ☐ *Movimiento personal*

319. Gritaste de alegría.

320. Te divertiste cerrando algo.

321. Tenías un amigo al lado.

322. Disfrutaste al ver a una persona marchándose.

323. Impusiste silencio.

324. Descubriste que tu tamaño no importaba.

325. Alguien descubrió que eras hábil.

326. Te alegró haber sido lento.

327. Tuviste éxito al armar un rompecabezas.

328. Te alegró que algo estuviera resbaladizo.

329. Te alegró llegar demasiado temprano.

330. Alguien estaba enfadado contigo y no le sirvió de nada.

331. Amarraste a alguien a un poste.

332. Disfrutaste sorprendiendo a alguien.

- ☐ *Vista*
- ☐ *Olfato*
- ☐ *Tacto*
- ☐ *Color*
- ☐ *Tono*
- ☐ *Movimiento externo*
- ☐ *Emoción*
- ☐ *Volumen*
- ☐ *Posición del cuerpo*
- ☐ *Sonido*
- ☐ *Peso*
- ☐ *Movimiento personal*

333. Descubriste que no tenías que morir de hambre.

334. No quisiste quedarte y no lo hiciste.

335. Alguien se aferró a ti.

336. Alguien todavía era tu amigo.

337. Alguien te animó.

338. Te detuviste a hablar con alguien.

339. Detuviste a una persona poco amistosa.

340. Alguien que te cayó bien en un comercio fue bueno contigo.

341. Alguien te hizo sentir menos fuerte.

342. Le quitaste algo a una persona poco amistosa.

343. Alguien te acarició.

344. Alguien descubrió lo fuerte que eras.

345. Ganaste una batalla.

346. Humillaste a una persona poco amable.

347. Descubriste que tenías un súbdito.

- ☐ *Vista*
- ☐ *Olfato*
- ☐ *Tacto*
- ☐ *Color*
- ☐ *Tono*
- ☐ *Movimiento externo*
- ☐ *Emoción*
- ☐ *Volumen*
- ☐ *Posición del cuerpo*
- ☐ *Sonido*
- ☐ *Peso*
- ☐ *Movimiento personal*

348. Hiciste ceder a una persona poco amistosa.

349. Tuviste éxito a pesar de la gente.

350. Hiciste sufrir a una persona con justicia.

351. Entablaste un pleito contra otro.

352. Te sentiste seguro en presencia de alguien.

353. Manejaste bien a alguien.

354. Capturaste a una persona poco amable.

355. Tu búsqueda fue recompensada.

356. Alguien trató de mandarte lejos y no te fuiste.

357. Descubriste que habías tomado a alguien demasiado en serio.

358. Observaste moverse rápido a una persona poco amable.

359. Descubriste que la vergüenza era innecesaria.

360. Alguien descubrió que habían sospechado de ti equivocadamente.

- ☐ *Vista*
- ☐ *Olfato*
- ☐ *Tacto*
- ☐ *Color*
- ☐ *Tono*
- ☐ *Movimiento externo*
- ☐ *Emoción*
- ☐ *Volumen*
- ☐ *Posición del cuerpo*
- ☐ *Sonido*
- ☐ *Peso*
- ☐ *Movimiento personal*

361. Lo debiste decir y lo dijiste.

362. Tu angustia fue en vano.

363. Preocupaste a una persona poco amable.

364. Te alegró que alguien fuera alto.

365. Tus lágrimas fueron seguidas de alivio.

366. Aterrorizaste a una persona poco amistosa.

367. Después de todo, tuvieron que admitir que no lo habías robado.

368. Alguien tuvo que respetar tus derechos de propiedad.

369. Sometiste a prueba a una persona poco amable.

370. Te reuniste con una persona poco amable y ganaste.

371. Invitaste a mucha gente.

372. Te alegraste de que fuera verdad.

373. Encontraste que estaba bien estar bajo alguien.

- ☐ *Vista*
- ☐ *Olfato*
- ☐ *Tacto*
- ☐ *Color*
- ☐ *Tono*
- ☐ *Movimiento externo*
- ☐ *Emoción*
- ☐ *Volumen*
- ☐ *Posición del cuerpo*
- ☐ *Sonido*
- ☐ *Peso*
- ☐ *Movimiento personal*

374. Descubriste que no eras una persona desdichada.

375. Descubriste la diferencia entre "tuvo" y "tubo".

376. Levantaste a un niño.

377. Disfrutaste subiendo las escaleras con alguien.

- ☐ *Vista*
- ☐ *Olfato*
- ☐ *Tacto*
- ☐ *Color*
- ☐ *Tono*
- ☐ *Movimiento externo*
- ☐ *Emoción*
- ☐ *Volumen*
- ☐ *Posición del cuerpo*
- ☐ *Sonido*
- ☐ *Peso*
- ☐ *Movimiento personal*

378. Se descubrió que eras útil.

379. Algo que tú creías que era raro resultó ser común.

380. Descubriste que estaba bien ser vanidoso.

381. Descubrieron lo valioso que eras.

382. Descubriste que algo no era vicio.

383. Recuperaste tu vigor.

384. Venciste a una persona violenta.

385. Encontraste que no tenías enemigos invisibles.

386. Hiciste que un perro moviera la cola.

387. Realmente te habías ganado el sueldo que te pagaron.

388. Hiciste esperar a un enemigo.

389. Caminaste con alguien que te gustaba.

390. Empujaste contra la pared a una persona poco amable.

391. Vagaste felizmente.

- ☐ *Vista*
- ☐ *Olfato*
- ☐ *Tacto*
- ☐ *Color*
- ☐ *Tono*
- ☐ *Movimiento externo*
- ☐ *Emoción*
- ☐ *Volumen*
- ☐ *Posición del cuerpo*
- ☐ *Sonido*
- ☐ *Peso*
- ☐ *Movimiento personal*

392. Alguien descubrió que eras tierno.

393. Descubriste que estaba bien observar.

394. Descubriste que no eras débil.

395. Hiciste llorar a una persona poco amable.

396. No te importaba a dónde él se fue.

397. Estabas feliz observando a alguien irse.

398. Obligaste físicamente alguien para que viniera.

399. Tuviste una buena opinión de una esposa.

400. Tuviste una buena opinión de un esposo.

- ☐ *Vista*
- ☐ *Olfato*
- ☐ *Tacto*
- ☐ *Color*
- ☐ *Tono*
- ☐ *Movimiento externo*
- ☐ *Emoción*
- ☐ *Volumen*
- ☐ *Posición del cuerpo*
- ☐ *Sonido*
- ☐ *Peso*
- ☐ *Movimiento personal*

401. Descubriste que no era malo.

402. Hiciste algo mal, pero resultó bien.

403. Se te felicitó por escrito.

404. Hiciste gritar a alguien.

405. Había objetos agradables junto a ti.

406. Te agradó que un objeto estuviera cerca.

407. A tu alrededor había objetos y estabas feliz.

408. Te alegró que un objeto estuviera por encima de ti.

409. Alguien aceptó un objeto que querías regalar.

410. Un objeto acompañó a otro.

411. Adquiriste un objeto que querías.

412. Obtuviste acción de objetos.

413. Alguien admiró algo que tenías.

414. Un objeto te sacó ventaja.

415. Encontraste que un objeto te adornaba.

416. Descubriste que le tenías afecto a algo que no sabías que te gustaba.

417. Tiraste algunas cosas a las que tenías miedo.

418. Corriste detrás de un objeto y lo atrapaste.

- ☐ *Vista*
- ☐ *Olfato*
- ☐ *Tacto*
- ☐ *Color*
- ☐ *Tono*
- ☐ *Movimiento externo*
- ☐ *Emoción*
- ☐ *Volumen*
- ☐ *Posición del cuerpo*
- ☐ *Sonido*
- ☐ *Peso*
- ☐ *Movimiento personal*

419. Algo te ayudó.

420. Te alegró deshacerte de algo por completo.

421. Un objeto casi te lastimó, pero estabas bien.

422. Lograste tu ambición por algo.

423. Estabas entre objetos agradables.

424. Descubriste que un animal era amigable.

425. Divertiste a alguien con un objeto.

426. Estabas angustiado por algo y te deshiciste de ello.

427. Un objeto peligroso se acercó y lo alejaste.

428. Alguien dio su aprobación a algo.

429. Detuviste un objeto.

430. Te alegró ser el rival de un objeto.

431. Te hizo feliz que llegara un coche.

432. Descubriste que no te habías avergonzado sin razón.

433. Hiciste dormir a un animal.

434. Acometiste algo victoriosamente.

435. Ayudaste a alguien con algo.

436. Dejaste de asociarte con algo que no te gustaba.

437. Un objeto te dio seguridad.

438. Sorprendiste a la gente con algo.

439. Acometiste algo con éxito.

440. Atrajiste un objeto.

441. Lanzaste una pelota al aire.

442. Consideraste bella alguna cosa.

443. Alguien te pidió algo.

444. Hiciste que una máquina funcionara bien.

- ☐ *Vista*
- ☐ *Olfato*
- ☐ *Tacto*
- ☐ *Color*
- ☐ *Tono*
- ☐ *Movimiento externo*
- ☐ *Emoción*
- ☐ *Volumen*
- ☐ *Posición del cuerpo*
- ☐ *Sonido*
- ☐ *Peso*
- ☐ *Movimiento personal*

445. Te alegró estar detrás de algo.

446. Te hizo feliz estar debajo de algo.

447. No creíste en un objeto.

448. Estabas entre dos objetos.

449. Apagaste algo.

450. Raspaste el fondo.

451. Adquiriste pan.

452. Puliste un objeto.

453. Quemaste algo que no te gustaba.

454. Enterraste algo que te disgustaba.

455. Capturaste algo.

456. Hiciste una cosa hábil con un coche.

457. Descubriste que no tenías que ser cuidadoso con un objeto.

458. Fuiste descuidado con éxito.

459. Cautivaste a alguien con algo.

460. Adquiriste certeza sobre algo.

- ☐ *Vista*
- ☐ *Olfato*
- ☐ *Tacto*
- ☐ *Color*
- ☐ *Tono*
- ☐ *Movimiento externo*
- ☐ *Emoción*
- ☐ *Volumen*
- ☐ *Posición del cuerpo*
- ☐ *Sonido*
- ☐ *Peso*
- ☐ *Movimiento personal*

461. Cuidaste una posesión porque lo quisiste.

462. Viste llegar a tiempo algo.

463. Ejerciste tu dominio sobre un objeto.

464. Escondiste algo.

465. Desaprobaste un objeto.

466. Le diste algo a alguien y eso le dio seguridad.

467. Analizaste un objeto que te había confundido.

468. Conquistaste un objeto.

469. Se regaló algo con tu aprobación.

470. Construiste bien algo.

471. Dispusiste algo que fue muy conveniente.

472. Mostraste valor con respecto a un objeto.

473. Cortaste algo que no querías.

474. Te deshiciste de un objeto indeseado.

- ☐ *Vista*
- ☐ *Olfato*
- ☐ *Tacto*
- ☐ *Color*
- ☐ *Tono*
- ☐ *Movimiento externo*
- ☐ *Emoción*
- ☐ *Volumen*
- ☐ *Posición del cuerpo*
- ☐ *Sonido*
- ☐ *Peso*
- ☐ *Movimiento personal*

475. Retrasaste una acción física.

476. Una cosa te causó placer.

477. Negaste que algo existiera.

478. Dependiste de un objeto.

479. Te hizo feliz recibir algo que merecías.

480. Viste alejarse un objeto indeseado.

481. Te deleitaste destruyendo algo.

482. Notaste la diferencia entre dos objetos.

483. Observaste un objeto hacerse pequeño.

484. Hiciste algo que otros consideraban demasiado difícil.

485. Estabas feliz escarbando.

486. Esparciste muchos objetos.

487. Dominaste algo de lo que desconfiabas.

488. Hiciste lo que te dio la gana con algo.

- ☐ *Vista*
- ☐ *Olfato*
- ☐ *Tacto*
- ☐ *Color*
- ☐ *Tono*
- ☐ *Movimiento externo*
- ☐ *Emoción*
- ☐ *Volumen*
- ☐ *Posición del cuerpo*
- ☐ *Sonido*
- ☐ *Peso*
- ☐ *Movimiento personal*

489. Comprendiste un objeto sobre el cual habías tenido dudas.

490. Acercaste algo hacia ti.

491. Le diste de beber a un animal.

492. Observaste un objeto caer.

493. Habitaste un lugar agradable.

494. Esperaste con ansiedad.

495. Algo se veía demasiado bueno para comérselo.

496. Tuviste éxito al mover un objeto después de mucho esfuerzo.

497. Encerraste un objeto.

498. Algo te dio valor.

499. Acabaste con un objeto.

500. Descubriste que un objeto considerado como enemigo era en realidad un amigo.

501. Disfrutaste poseyendo algo.

502. Sentiste que no ibas a poder tener suficiente de algo.

- ☐ *Vista*
- ☐ *Olfato*
- ☐ *Tacto*
- ☐ *Color*
- ☐ *Tono*
- ☐ *Movimiento externo*
- ☐ *Emoción*
- ☐ *Volumen*
- ☐ *Posición del cuerpo*
- ☐ *Sonido*
- ☐ *Peso*
- ☐ *Movimiento personal*

503. Impediste una entrada.

504. Te escapaste de un objeto.

505. Tuviste éxito al examinar un objeto peligroso.

506. Algo te emocionó.

507. Pusiste un animal a hacer ejercicio.

508. Diste la vuelta a un objeto.

509. Un objeto fue fidedigno.

510. Arrojaste algo lejos de ti.

511. Hiciste que algo se moviera rápido.

512. Superaste el miedo a un objeto.

513. Alimentaste a un animal.

514. Tomaste sin escrúpulos lo primero que se te presentó.

515. Hiciste que un objeto cupiera.

516. Observaste a alguien huir de un objeto y luego acercarse a él.

517. Poseíste algo que se te había prohibido tocar.

- ☐ *Vista*
- ☐ *Olfato*
- ☐ *Tacto*
- ☐ *Color*
- ☐ *Tono*
- ☐ *Movimiento externo*
- ☐ *Emoción*
- ☐ *Volumen*
- ☐ *Posición del cuerpo*
- ☐ *Sonido*
- ☐ *Peso*
- ☐ *Movimiento personal*

518. Aplicaste la fuerza con éxito.

519. Estabas orgulloso de tus pertenencias.

520. Un objeto era amigo.

521. Asustaste a alguien con un objeto.

522. Reuniste objetos alegremente.

523. Hiciste crecer algo.

524. Fuiste generoso con objetos.

525. Protegiste algo bien.

526. Una cosa te hizo muy feliz.

527. Te dio gusto causar daño con un objeto.

528. Curaste a un animal.

529. Ayudaste a alguien con un objeto.

530. Encontraste algo que alguien te había escondido.

531. Impediste algo malo.

532. Le hiciste un agujero a un objeto.

533. Calentaste mucho un objeto.

- ☐ *Vista*
- ☐ *Olfato*
- ☐ *Tacto*
- ☐ *Color*
- ☐ *Tono*
- ☐ *Movimiento externo*
- ☐ *Emoción*
- ☐ *Volumen*
- ☐ *Posición del cuerpo*
- ☐ *Sonido*
- ☐ *Peso*
- ☐ *Movimiento personal*

534. Cazaste con éxito.

535. Te apresuraste para tener algo que querías y lo lograste.

536. Hiciste que un objeto lastimara a un enemigo.

537. Un objeto te permitió estar ocioso.

538. Hiciste que algo iluminara algo.

539. Te imaginaste un objeto nuevo y lo construiste.

540. Hiciste lo imposible con un objeto.

541. Observaste a algo entrar.

542. Aumentaste tus pertenencias.

543. Por tu propia decisión tomaste un objeto en lugar de otro.

544. Un objeto mantuvo tu interés.

545. Alguien estaba feliz con tu invento.

546. Mataste algo malo.

547. Hiciste saltar un objeto.

548. Te diste cuenta que algo era realmente tuyo.

- ☐ *Vista*
- ☐ *Olfato*
- ☐ *Tacto*
- ☐ *Color*
- ☐ *Tono*
- ☐ *Movimiento externo*
- ☐ *Emoción*
- ☐ *Volumen*
- ☐ *Posición del cuerpo*
- ☐ *Sonido*
- ☐ *Peso*
- ☐ *Movimiento personal*

549. Besaste un objeto por lo feliz que estabas.

550. Fue bueno que un objeto llegara demasiado tarde.

551. Hiciste que alguien se riera con un objeto.

552. Mediste lo largo y lo ancho de un objeto.

553. Encontraste un objeto tirado.

554. Le diste vida a algo.

555. Iluminaste bien un espacio.

556. Te dio gusto que algo fuera pequeño.

557. Te encantó un objeto y lo conservaste.

558. Controlaste una máquina que otro no pudo controlar.

559. Controlaste un objeto.

560. Hiciste que un objeto hiciera música.

561. Le arrancaste un secreto a un objeto misterioso.

562. Te dio gusto ser cruel con un objeto.

- ☐ *Vista*
- ☐ *Olfato*
- ☐ *Tacto*
- ☐ *Color*
- ☐ *Tono*
- ☐ *Movimiento externo*
- ☐ *Emoción*
- ☐ *Volumen*
- ☐ *Posición del cuerpo*
- ☐ *Sonido*
- ☐ *Peso*
- ☐ *Movimiento personal*

- ☐ *Vista*
- ☐ *Olfato*
- ☐ *Tacto*
- ☐ *Color*
- ☐ *Tono*
- ☐ *Movimiento externo*
- ☐ *Emoción*
- ☐ *Volumen*
- ☐ *Posición del cuerpo*
- ☐ *Sonido*
- ☐ *Peso*
- ☐ *Movimiento personal*

563. Dominaste una cosa complicada.

564. Observaste el encuentro de dos objetos.

565. Lanzaste un líquido al aire.

566. Calentaste un líquido.

567. Serviste un líquido.

568. Mezclaste dos líquidos.

569. Revolviste un líquido.

570. Te diste cuenta que algo no era necesario.

571. Hiciste que un animal te obedeciera.

572. Complaciste a alguien con un objeto.

573. Compraste algo para un acontecimiento.

574. Cerraste bien un objeto.

575. Organizaste bien una cantidad de cosas.

576. Descubriste el origen de algo.

577. Causaste dolor con un objeto y te alegró hacerlo.

578. Pusiste un objeto en tu bolsillo.

579. Un objeto te hizo sentir rico.

580. Le diste a alguien algo que era precioso.

581. Preparaste una mezcla que tuvo éxito.

582. Preferiste un objeto a otro.

583. Evitaste que le ocurriera un daño a un objeto.

584. Ganaste una discusión sobre un objeto.

585. Recogiste agua de lluvia.

586. Adquiriste un líquido que deseabas.

587. Levantaste un objeto.

588. Conservaste algo raro.

589. Te dio gusto recibir algo.

590. Reconociste un objeto que desconcertó a otros.

591. Le diste cobijo a un animal.

592. Controlaste un animal.

- ☐ *Vista*
- ☐ *Olfato*
- ☐ *Tacto*
- ☐ *Color*
- ☐ *Tono*
- ☐ *Movimiento externo*
- ☐ *Emoción*
- ☐ *Volumen*
- ☐ *Posición del cuerpo*
- ☐ *Sonido*
- ☐ *Peso*
- ☐ *Movimiento personal*

593. Restauraste un objeto.

594. Dejaste que alguien se quedara con algo valioso.

595. Hiciste que funcionara algo en lo que otros habían fallado.

596. Pusiste a salvo un objeto.

597. Pusiste un objeto dentro de algo.

598. Sacaste un objeto de algo.

599. Adquiriste algo que era escaso.

600. Reparaste un arañazo en un objeto.

601. Hiciste gritar a alguien con un objeto.

602. Alguien descubrió que habían sido demasiado severos respecto a un objeto.

603. Sacudiste algo para quitarle un líquido.

604. Sacaste a un animal del agua.

605. Adquiriste un animal para comértelo.

606. Amarraste a un animal a un poste.

- ☐ *Vista*
- ☐ *Olfato*
- ☐ *Tacto*
- ☐ *Color*
- ☐ *Tono*
- ☐ *Movimiento externo*
- ☐ *Emoción*
- ☐ *Volumen*
- ☐ *Posición del cuerpo*
- ☐ *Sonido*
- ☐ *Peso*
- ☐ *Movimiento personal*

607. Tuviste éxito al luchar contra un objeto.

608. Acariciaste un objeto.

609. Eras demasiado fuerte para un objeto.

610. Se te entregó algo como tributo.

611. La gente descubrió que se te debía felicitar por un objeto.

612. Manejaste bien un objeto.

613. Agarraste un objeto.

614. Tu búsqueda de un objeto fue recompensada.

615. Te alegró ver un objeto.

616. Conservaste una cosa en buen estado.

617. Superaste algo que te había amenazado.

618. Paraste el ruido de un objeto.

619. Convenciste a alguien del valor de un objeto.

620. Derrochaste dinero.

☐ *Vista*
☐ *Olfato*
☐ *Tacto*
☐ *Color*
☐ *Tono*
☐ *Movimiento externo*
☐ *Emoción*
☐ *Volumen*
☐ *Posición del cuerpo*
☐ *Sonido*
☐ *Peso*
☐ *Movimiento personal*

621. Adquiriste algún dinero.

622. Te negaste a recibir dinero que no habías ganado.

623. Viste irse un objeto que no querías.

624. Observaste venir un objeto deseado.

625. Hiciste volar algo.

626. Abandonaste un espacio que no te gustaba.

627. Adquiriste un espacio que querías.

628. Admiraste una zona.

629. Avanzaste a través de un espacio.

630. Sentiste afecto por un espacio.

631. Estabas frente a un espacio.

632. Decoraste un espacio.

633. Te dio gusto salirte de un espacio al cual tenías miedo.

634. Ayudaste a crear un espacio.

635. Estuviste agradablemente solo en un espacio.

- ☐ *Vista*
- ☐ *Olfato*
- ☐ *Tacto*
- ☐ *Color*
- ☐ *Tono*
- ☐ *Movimiento externo*
- ☐ *Emoción*
- ☐ *Volumen*
- ☐ *Posición del cuerpo*
- ☐ *Sonido*
- ☐ *Peso*
- ☐ *Movimiento personal*

636. Estabas en un lugar divertido.

637. Conquistaste una distancia.

638. Atravesaste un lugar insalubre.

639. Llegaste a un espacio agradable.

640. Abriste un espacio.

641. Le diste seguridad a otro con respecto a un espacio.

642. Te atrajo un espacio.

643. Despertaste en un lugar agradable.

644. Quemaste un espacio.

645. Atravesaste una zona a ciegas, pero con éxito.

646. Disfrutaste un espacio negro.

647. Hiciste una caja.

648. Entraste en un lugar agradable.

649. Sacaste algo de un lugar.

650. Llenaste bien un espacio.

651. Disfrutaste de una caja.

- ☐ *Vista*
- ☐ *Olfato*
- ☐ *Tacto*
- ☐ *Color*
- ☐ *Tono*
- ☐ *Movimiento externo*
- ☐ *Emoción*
- ☐ *Volumen*
- ☐ *Posición del cuerpo*
- ☐ *Sonido*
- ☐ *Peso*
- ☐ *Movimiento personal*

652. Permitiste que se ocupara un espacio.

653. Irrumpiste en un espacio prohibido.

654. Construiste una buena jaula.

655. Conquistaste una zona.

656. Sacaste a un niño de un lugar.

657. Arreglaste un lugar.

658. Te gustó brincar a través de un espacio.

659. Fuiste a un espacio más bajo.

660. Hiciste un espacio amplio.

661. Juntaste muchas cosas en un lugar.

662. Creaste calor.

663. Trajiste una luz.

664. Extinguiste una energía poco amistosa.

665. Encendiste una luz.

666. Regulaste un fuego.

667. Aplicaste energía exitosamente.

☐ *Vista*
☐ *Olfato*
☐ *Tacto*
☐ *Color*
☐ *Tono*
☐ *Movimiento externo*
☐ *Emoción*
☐ *Volumen*
☐ *Posición del cuerpo*
☐ *Sonido*
☐ *Peso*
☐ *Movimiento personal*

668. Quemaste algo que no querías.

669. Dispusiste bien la iluminación.

670. Herviste algo.

671. Pusiste en marcha una máquina.

672. Dispersaste calor.

673. Enfriaste algo.

674. Fuiste de un lugar oscuro a uno acogedoramente alumbrado.

675. Te alegró que estuviera oscuro.

676. Dejaste la oscuridad detrás de ti.

677. Te sentiste feliz con el amanecer.

678. Observaste apagarse el crepúsculo.

679. Viste ventanas alumbradas.

680. Encontraste algo con una linterna.

681. Te alegró entrar en un lugar cálido.

682. Calentaste un lugar frío.

683. Le diste calor a alguien.

684. Calentaste algo para comer.

- ☐ *Vista*
- ☐ *Olfato*
- ☐ *Tacto*
- ☐ *Color*
- ☐ *Tono*
- ☐ *Movimiento externo*
- ☐ *Emoción*
- ☐ *Volumen*
- ☐ *Posición del cuerpo*
- ☐ *Sonido*
- ☐ *Peso*
- ☐ *Movimiento personal*

685. Te sentiste acompañado por el fuego.

686. Descubriste que alguien estaba a tu abrigo.

687. Te alegró abandonar un lugar frío.

688. Hiciste agradable un lugar árido.

689. Encontraste a alguien esperándote en un lugar oscuro y te alegraste.

690. Regulaste bien el tiempo.

691. Dejaste atrás un mal rato.

692. Se acercaba un buen rato.

693. Decidiste que las cosas no habían estado tan mal.

694. Descubriste que habías empleado bien tu tiempo.

695. Ayer aprovechaste un rato.

696. Pasaste un buen rato hoy.

- ☐ *Vista*
- ☐ *Olfato*
- ☐ *Tacto*
- ☐ *Color*
- ☐ *Tono*
- ☐ *Movimiento externo*
- ☐ *Emoción*
- ☐ *Volumen*
- ☐ *Posición del cuerpo*
- ☐ *Sonido*
- ☐ *Peso*
- ☐ *Movimiento personal*

Imaginación

Una de las partes más importantes del proceso del pensamiento es la imaginación. La imaginación es de hecho un tipo de cálculo. La imaginación proporciona soluciones calculadas e instintivas para el futuro. Si se embota la imaginación, se obstaculiza seriamente nuestro cálculo. La imaginación es una cosa buena, no mala. Soñando despierta, por ejemplo, una persona puede convertir una existencia no demasiado agradable en algo que se pueda vivir. Sólo con la imaginación pueden concebirse metas futuras que alcanzar.

Puedes recordar una ocasión en que:

- ☐ *Vista*
- ☐ *Olfato*
- ☐ *Tacto*
- ☐ *Color*
- ☐ *Tono*
- ☐ *Movimiento externo*
- ☐ *Emoción*
- ☐ *Volumen*
- ☐ *Posición del cuerpo*
- ☐ *Sonido*
- ☐ *Peso*
- ☐ *Movimiento personal*

1. Previste cómo debería ser algo y lo dispusiste así.
2. Te imaginaste algo y lo construiste.
3. Contemplaste cómo sería un lugar y fuiste allí.
4. Se te forzó a admitir que habías mentido cuando habías dicho la verdad.
5. Alguien desarregló lo que era tuyo y lo volviste a arreglar.
6. Te deleitaste llenando el espacio con cosas imaginarias.
7. Hiciste una obra maestra de creación.

8. Viste convertirse en realidad algo que habías imaginado.

9. Imaginaste que estaba ahí y lo destruiste.

10. Tu sueño se hizo realidad.

11. Planeaste qué hacer con algo de tiempo y lo hiciste.

12. Ignoraste las interrupciones y seguiste adelante de acuerdo a lo programado.

13. Viste cómo se podría mejorar un espacio y lo mejoraste.

14. Ideaste un plan y la gente lo siguió.

15. Las cosas fueron más fáciles porque tú las habías pensado así.

16. Sacaste provecho de la imaginación.

- ☐ *Vista*
- ☐ *Olfato*
- ☐ *Tacto*
- ☐ *Color*
- ☐ *Tono*
- ☐ *Movimiento externo*
- ☐ *Emoción*
- ☐ *Volumen*
- ☐ *Posición del cuerpo*
- ☐ *Sonido*
- ☐ *Peso*
- ☐ *Movimiento personal*

Si analizas la palabra *imaginación*, descubrirás que significa sencillamente suponer imágenes o combinar percepciones para así lograr creaciones de acuerdo a los deseos. La imaginación es algo que uno hace por libre voluntad. Puede decirse que la ilusión es algo impuesto a uno mismo por sus aberraciones. Todo lo que uno tiene que saber respecto a la imaginación es saber cuándo está imaginando y cuándo no.

Valencias

Quizás hayas notado, a medida que ibas percibiendo cosas que ocurrieron en el pasado, que algunas veces aparentemente estabas dentro de tu propio cuerpo y que algunas veces pudiste estar observándote a ti mismo. Hay gente que nunca está fuera de su cuerpo al recordar y hay gente que nunca está en él. En cada uno hay muchas valencias. Por valencia se entiende una personalidad real o aparente. La valencia propia es la personalidad real. Sin embargo, te aseguro que se puede estar en confusión con otros cuerpos y personas. Si uno está en su propia valencia cuando está recordando cosas, puede ver lo que vio tal y como si lo estuviera viendo de nuevo con sus propios ojos. Este es un estado muy deseable. El síntoma de estar fuera de la valencia propia y estar en la valencia de semblanza se podría decir que significa que uno encuentra su cuerpo demasiado peligroso para ocuparlo en pensamiento. Estar fuera de valencia hace más difícil contactar las percepciones en el recuerdo. Encontrarás, a medida que continúes con estas listas, repitiéndolas una y otra vez, que se vuelve más fácil cada vez ver las cosas de nuevo con los propios ojos.

En la siguiente lista de preguntas y en cualquier recuerdo se debe hacer un esfuerzo por tomar el punto de vista de uno mismo, es decir, ver la situación y obtener las percepciones como uno mismo las obtuvo en aquella ocasión.

Puedes recordar una ocasión en que:

1. Observaste a una persona que no te agradaba hacer algo que te gustaba hacer.

2. Viste a una persona que te caía bien hacer algo que no te gustaba hacer.

3. Observaste a una persona que te caía bien haciendo algo que te gustaba hacer.

4. Viste a una persona que te caía mal haciendo algo que no te gustaba hacer.

5. Notaste que alguien llevaba puesto algo que tú te ponías.

6. Encontraste a alguien haciendo un ademán que tú hacías.

- ☐ *Vista*
- ☐ *Olfato*
- ☐ *Tacto*
- ☐ *Color*
- ☐ *Tono*
- ☐ *Movimiento externo*
- ☐ *Emoción*
- ☐ *Volumen*
- ☐ *Posición del cuerpo*
- ☐ *Sonido*
- ☐ *Peso*
- ☐ *Movimiento personal*

7. Adoptaste un ademán.

8. Descubriste que tú y un perro estábais siendo igualmente tratados.

9. Te hiciste burla en el espejo.

10. Decidiste ser completamente diferente a una persona.

11. Descubriste que eras como un objeto.

12. Fuiste clasificado junto a una persona desfavorable.

13. Fuiste clasificado junto a una persona favorable.

14. Te encontraste vestido como muchos otros.

15. Descubriste que después de todo eras diferente de alguien.

16. Notaste la diferencia entre tú y otros.

17. Comiste con alguien que te caía bien.

18. Encontraste una persona que te recordó a otra y notaste la diferencia entre ellas.

19. Caminaste al paso con una persona que te caía bien.

20. Cabalgaste con alguien que admirabas.

21. Tuviste que adoptar la misma postura que algún otro.

22. Jugaste un juego con gente que te caía bien.

23. Te descubriste haciendo algo porque alguien en tu juventud lo hizo.

24. Te encontraste rehusando hacer algo porque alguien en tu juventud lo hizo.

- ☐ *Vista*
- ☐ *Olfato*
- ☐ *Tacto*
- ☐ *Color*
- ☐ *Tono*
- ☐ *Movimiento externo*
- ☐ *Emoción*
- ☐ *Volumen*
- ☐ *Posición del cuerpo*
- ☐ *Sonido*
- ☐ *Peso*
- ☐ *Movimiento personal*

Puede decirse que el esfuerzo de las valencias significa querer ser como nuestros amigos y diferente a nuestros enemigos. Desafortunadamente en la vida, uno con frecuencia hace comparaciones y tiene analogías entre sí y sus enemigos, y se le señalan diferencias entre sí y sus amigos. Es deseable ajustar esto para que uno se sienta libre de repetir cualquier movimiento o acción de cualquier ser humano sin asociarlo al movimiento o acción de un enemigo o de un amigo.

En un esfuerzo por ordenar las asociaciones y las separaciones de uno respecto a la gente, se añaden a la lista las siguientes preguntas como segunda parte de la lista nueve.

Recuerda:

1. Una persona que se parece a ti.
2. Una persona que tiene dificultades físicas semejantes a las tuyas.
3. Una persona de quien adquiriste un ademán particular.
4. Una persona que te recuerda a un animal que conociste.
5. Una persona que te comparó desfavorablemente con personas desfavorables.
6. Una persona que te comparó favorablemente con personas favorables.
7. Dos personas que confundías entre sí.
8. Una persona que conociste hace mucho tiempo parecida a una persona con la que estás viviendo.
9. Una persona que conociste antes, que te recuerda a una persona con la que estás ahora relacionado.

- ☐ *Vista*
- ☐ *Olfato*
- ☐ *Tacto*
- ☐ *Color*
- ☐ *Tono*
- ☐ *Movimiento externo*
- ☐ *Emoción*
- ☐ *Volumen*
- ☐ *Posición del cuerpo*
- ☐ *Sonido*
- ☐ *Peso*
- ☐ *Movimiento personal*

10. A quién te pareces más. ¿Quién lo dijo?

11. ¿Quién solía tener miedo del afecto?

12. ¿A quién no le gustaba comer?

13. ¿De quién se dijo que nunca iba a llegar a nada?

14. ¿Quién se asociaba demasiado con la gente?

15. ¿Quién le hacía a todos la vida imposible?

16. ¿Quién tenía malos modales?

17. ¿A quién conociste antes, que tenía el dolor que te molesta?

18. ¿A quién te gustaría más parecerte?

19. ¿A quién odiarías más parecerte?

20. ¿Quién sostuvo que no habías logrado nada?

21. ¿Quién trató de mantenerte en orden?

22. ¿Quién te aduló?

23. ¿Quién te alimentó?

- ☐ *Vista*
- ☐ *Olfato*
- ☐ *Tacto*
- ☐ *Color*
- ☐ *Tono*
- ☐ *Movimiento externo*
- ☐ *Emoción*
- ☐ *Volumen*
- ☐ *Posición del cuerpo*
- ☐ *Sonido*
- ☐ *Peso*
- ☐ *Movimiento personal*

Sería buena idea regresar a la última parte de la lista nueve y recordar incidentes específicos con todas las percepciones que ilustrarán las respuestas a estas preguntas.

Interrupciones

La lentitud o inseguridad al hablar, parte del temor al escenario, la lentitud para calcular, es decir pensar, y titubear al tratar de seguir instrucciones, provienen principalmente de haber sido interrumpido en las acciones físicas cuando se era muy joven.

El chiquillo es continuamente interrumpido en sus acciones físicas debido a que pueden acarrearle un peligro. Trata de tomar algo y se le retira de ello, no simplemente por medio de palabras, sino que se le aleja del objeto o el objeto es alejado de él. Lo mantienen fuera de espacios a los que él quiere entrar sacándolo a tirones. Se le da una cosa cuando él quiere otra. Así, su autodeterminación se ve interrumpida en sus esfuerzos por explorar, obtener o deshacerse de materia, energía, espacio o tiempo. El niño, a partir de estas interrupciones tan tempranas, construye una larga cadena[1] de experiencias de interrupción, no únicamente por medio de la palabra hablada sino por barreras y obstáculos en el universo físico. Si no ha sido interrumpido totalmente cuando era niño, analíticamente puede determinar interrupciones posteriores, pero si se le ha controlado y negado con el fin de interrumpirlo cuando era joven, se inhibe su poder de decisión, por no hablar de su poder de discurso y pensamiento.

El recordar los incidentes especiales que se piden en esta lista saca a la luz y resta poder a estas cadenas de interrupciones.

Puedes recordar una ocasión en que:

1. Un objeto se te resistió y tú lo venciste.

2. No podías moverte y después conseguiste escaparte.

3. Alguien te quitó algo de las manos y lo terminó.

1. cadena: incidentes de naturaleza similar puestos a lo largo del tiempo. Una serie de incidentes de naturaleza o tema similar.

4. Tu acción física fue interrumpida.

5. Una máquina no arrancó.

6. Alguien saltó sobre ti inesperadamente.

7. Te contaron una historia de fantasmas.

8. Tuviste que abandonar una carrera.

9. Alguien tocó tu boca.

10. Trataste de levantar tu mano y fuiste detenido.

11. Encontraste que el camino estaba cerrado.

12. No podías meter algo en algo.

13. Un amigo te detuvo.

14. Tu padre te demostró cómo se hacía realmente.

15. Alguien te hizo tener cuidado con algo.

16. Se te demostró que estabas haciendo un uso indebido de ello.

- ☐ *Vista*
- ☐ *Olfato*
- ☐ *Tacto*
- ☐ *Color*
- ☐ *Tono*
- ☐ *Movimiento externo*
- ☐ *Emoción*
- ☐ *Volumen*
- ☐ *Posición del cuerpo*
- ☐ *Sonido*
- ☐ *Peso*
- ☐ *Movimiento personal*

17. Fuiste corregido "por tu propio bien".

18. Conocías a alguien que tenía la manía de utilizar únicamente la palabra correcta.

19. Fuiste "ayudado" a terminar de decir la oración.

- ☐ *Vista*
- ☐ *Olfato*
- ☐ *Tacto*
- ☐ *Color*
- ☐ *Tono*
- ☐ *Movimiento externo*
- ☐ *Emoción*
- ☐ *Volumen*
- ☐ *Posición del cuerpo*
- ☐ *Sonido*
- ☐ *Peso*
- ☐ *Movimiento personal*

20. No pudiste ir a última hora.

21. Conociste a alguien que corregía las letras que usabas en las canciones.

22. No se te permitió llorar.

23. El ruido irritó a alguien.

24. No pudiste terminarlo por falta de tiempo.

25. Tuviste que ser paciente.

26. No pudiste irte en ese momento.

27. Te ibas, pero te detuvieron.

28. Alguien trató de detenerte, pero de todos modos continuaste.

29. Lo usaste tal y cómo te apeteció.

30. No te habían detenido.

31. Te soltaste y seguiste.

32. De todos modos gritaste.

33. Lo terminaste a pesar de alguien.

34. Tuviste que parar de engullir tu comida.

35. Bebiste todo lo que te dio la gana.

36. Se suponía que no deberías pelear.

37. Alguien refrenó una reacción muscular.

38. Estabas muy entusiasta y alguien te calmó rápidamente.

39. Continuaste a pesar del cansancio.

40. Rompiste un hábito.

41. Descubriste que alguien no era tan fuerte como habías supuesto.

42. Descubriste que podías tenerlo después de todo.

43. Descubriste que el motivo real era egoísmo.

44. Te libraste de la dominación.

☐ *Vista*
☐ *Olfato*
☐ *Tacto*
☐ *Color*
☐ *Tono*
☐ *Movimiento externo*
☐ *Emoción*
☐ *Volumen*
☐ *Posición del cuerpo*
☐ *Sonido*
☐ *Peso*
☐ *Movimiento personal*

45. Descubriste que después de todo no era por tu propio bien.

46. Te impediste interrumpir a alguien.

47. Descubriste que otra gente no era más juiciosa que tú.

48. Todo el mundo pensó que estabas equivocado, pero descubrieron que habías tenido razón.

49. De todos modos alcanzaste la meta.

50. Descubriste que otra persona no valía la pena.

51. Frenaste el impulso de destruir algo.

52. Desobedeciste la ley y te saliste con la tuya.

53. Los relámpagos no te asustaron.

54. Arreglaste algo.

55. Ignoraste una interrupción a tu lectura.

- ☐ *Vista*
- ☐ *Olfato*
- ☐ *Tacto*
- ☐ *Color*
- ☐ *Tono*
- ☐ *Movimiento externo*
- ☐ *Emoción*
- ☐ *Volumen*
- ☐ *Posición del cuerpo*
- ☐ *Sonido*
- ☐ *Peso*
- ☐ *Movimiento personal*

Sección de invalidación

Los individuos aberrados utilizan dos métodos diferentes y muy aberrados para controlar a otros. El primero consiste en forzar a otra persona a hacer exactamente lo que se desea, con el mecanismo de recriminación y negación de la amistad o apoyo a menos que el sometimiento sea instantáneo. En otras palabras, "haz exactamente lo que te digo o dejo de ser tu aliado". Esto es dominación completa. Además, por medio del enojo, de crítica directa, de acusaciones y otros mecanismos, trata de someter a otro individuo, haciéndolo de menos. El segundo método podría llamarse dominación por anulación. Este es encubierto, y frecuentemente la persona a la que se le aplica permanece sin sospecharlo, aparte del hecho de que sabe que es muy infeliz. Este es el método de dominación del cobarde. La persona que lo usa siente que es menos que la persona en quien lo está usando y no tiene la honestidad ni la fuerza de ánimo de admitir ese hecho por sí misma. Empieza entonces a roer como las termitas una cimentación, como en California, para "empequeñecer" a un individuo haciendo pequeñas críticas maliciosas. El que busca dominar pega fuertemente en el punto de orgullo y capacidad de su blanco; y, si en cualquier manera, el blanco desafía al anulador, la persona que utiliza el mecanismo finge estar haciéndolo únicamente por ayuda y amistad o niega haberlo hecho en absoluto. De los dos métodos, el último es el más nocivo. Una persona que usa este método busca reducir a otro individuo a un punto en el cual pueda controlarlo completamente y no se detendrá hasta reducir al blanco a una confusa apatía. El mínimo común denominador de la anulación podría llamarse "invalidación". El anulador trata de invalidar, no sólo a la persona, sino también las capacidades y conocimientos de su blanco. Dirá que las pertenencias de su blanco no son tan importantes como podrían serlo. Se minimizan las experiencias de la persona que se está anulando. También se invalidan la fuerza, la apariencia, las capacidades físicas y las potencialidades del blanco. Esto puede hacerse tan encubiertamente que parece que se hace "por el bien" del blanco. El anulador intenta "mejorar" a la persona que está invalidando.

La primera pregunta de esta lista debería ser, por supuesto, ¿cuánta gente has conocido, que, bajo la máscara de querer ayudarte, ha tratado constantemente de despedazarte como persona y reducir tu futuro, tus esperanzas y tus metas, y la energía misma de tu vida?

Puedes recordar una ocasión en que:

1. Una persona más pequeña que tú se resintió por tu tamaño.

2. Una persona más grande que tú te hizo sentir inferior.

3. Una persona no quería dejarte acabar algo.

4. Un objeto fue demasiado para ti.

5. Un espacio te pareció demasiado grande.

6. Se te hizo a un lado porque eras muy pequeño.

7. No "diste la talla" para el equipo.

8. Descubriste que eras competente.

9. Descubriste que alguien había mentido sobre lo malo que eras.

10. Descubriste que después de todo tenías razón.

11. Descubriste que tu decisión habría sido la mejor.

12. Resolviste un problema con el que nadie más pudo.

- ☐ *Vista*
- ☐ *Olfato*
- ☐ *Tacto*
- ☐ *Color*
- ☐ *Tono*
- ☐ *Movimiento externo*
- ☐ *Emoción*
- ☐ *Volumen*
- ☐ *Posición del cuerpo*
- ☐ *Sonido*
- ☐ *Peso*
- ☐ *Movimiento personal*

13. Descubriste que en el mundo había gente más sencilla que tú.

14. Descubriste que podías ignorar la opinión de alguien.

15. Descubriste que alguien pensó que en verdad habías hecho algo bueno.

16. Se admiró tu apariencia.

- ☐ *Vista*
- ☐ *Olfato*
- ☐ *Tacto*
- ☐ *Color*
- ☐ *Tono*
- ☐ *Movimiento externo*
- ☐ *Emoción*
- ☐ *Volumen*
- ☐ *Posición del cuerpo*
- ☐ *Sonido*
- ☐ *Peso*
- ☐ *Movimiento personal*

17. Venciste a una máquina.

18. Realizaste un viaje arduo.

19. Descubriste que alguien que te menospreciaba era además deshonesto.

20. Descubriste que eras más grande y poderoso que un animal.

21. Descubriste tu capacidad.

22. Le ganaste a alguien por completo.

23. Un enemigo pidió clemencia.

24. Te aprovechaste de alguien.

25. Tomaste la tajada más grande y te quedaste con ella.

26. Hiciste sentir tu peso.

27. Fuiste demasiado pesado para alguien.

28. Mataste algo.

29. Ganaste.

30. Lograste alejarte de alguien que te invalidaba.

31. Descubriste que tenías razón y que tu viejo estaba equivocado.

32. Descubriste que podías mejorar.

33. Mejoraste cuando ya no había esperanza para ti.

34. Te sorprendiste de tu propia paciencia.

35. Descubriste que sí habías comprendido.

36. Hiciste un trabajo que nadie creía posible.

37. Hoy estuviste orgulloso de ti.

- ☐ *Vista*
- ☐ *Olfato*
- ☐ *Tacto*
- ☐ *Color*
- ☐ *Tono*
- ☐ *Movimiento externo*
- ☐ *Emoción*
- ☐ *Volumen*
- ☐ *Posición del cuerpo*
- ☐ *Sonido*
- ☐ *Peso*
- ☐ *Movimiento personal*

LISTA DOCE

Los elementos

El principal adversario del hombre en su entorno es el clima. Las casas, estufas, la ropa e incluso la comida, en la medida en la que proporcionan calor y movilidad al cuerpo, son armas de defensa contra la tormenta, el frío, el calor y la noche.

Puedes recordar una ocasión en que:

- ☐ *Vista*
- ☐ *Olfato*
- ☐ *Tacto*
- ☐ *Color*
- ☐ *Tono*
- ☐ *Movimiento externo*
- ☐ *Emoción*
- ☐ *Volumen*
- ☐ *Posición del cuerpo*
- ☐ *Sonido*
- ☐ *Peso*
- ☐ *Movimiento personal*

1. Superaste una tormenta.
2. Disfrutaste del trueno.
3. Te divertiste en la nieve.
4. Disfrutaste el brillo del sol.
5. Todo el mundo dijo que hacía demasiado calor, pero tú lo disfrutaste.
6. Le sacaste partido a una zona inundada.
7. La lluvia era sedante.
8. Te alegró que el día estuviera nublado.
9. El viento te emocionó.
10. La noche era suave.

11. Te alegró ver el sol.

12. El clima era agradable.

13. Le ganaste al oleaje.

14. El aire estaba regocijante.

15. Te hizo feliz la estación.

16. Te calentaste después de estar muy frío.

17. Un amanecer te emocionó.

18. Sentiste que poseías las estrellas.

19. Te emocionó una granizada.

20. Descubriste la configuración de los copos de nieve.

21. El rocío estaba brillante.

22. Te envolvió una suave neblina.

23. Prevaleciste sobre la violencia de una tormenta.

24. Hacía un día horrible y estabas abrigado en tu casa.

25. El viento era agradable.

- ☐ *Vista*
- ☐ *Olfato*
- ☐ *Tacto*
- ☐ *Color*
- ☐ *Tono*
- ☐ *Movimiento externo*
- ☐ *Emoción*
- ☐ *Volumen*
- ☐ *Posición del cuerpo*
- ☐ *Sonido*
- ☐ *Peso*
- ☐ *Movimiento personal*

- ☐ *Vista*
- ☐ *Olfato*
- ☐ *Tacto*
- ☐ *Color*
- ☐ *Tono*
- ☐ *Movimiento externo*
- ☐ *Emoción*
- ☐ *Volumen*
- ☐ *Posición del cuerpo*
- ☐ *Sonido*
- ☐ *Peso*
- ☐ *Movimiento personal*

26. Saliste vivo de ello.

27. Descubriste que te gustaba tu propio clima.

28. Te alegró ver la primavera.

29. Sentiste que podías vencer los vientos del mundo.

30. Admiraste una tormenta.

31. Disfrutaste un relámpago.

Comienza de nuevo en la lista uno y repasa todas las listas una y otra vez hasta que hayas usado el libro muchas veces.

Listas especiales de sesión

Si recordar una cierta cosa te hizo sentir incómodo

Puede ser que a medida que recuerdes incidentes en tu vida te sientas incómodo. Hay varias formas de superar esto. Si la situación que has recordado contiene dolor físico real, no trates de llegar muy a fondo en ella, sino concéntrate en incidentes posteriores que gradualmente te devuelvan a tiempo presente. Estas preguntas te ayudarán a hacerlo.

- ☐ *Vista*
- ☐ *Olfato*
- ☐ *Tacto*
- ☐ *Color*
- ☐ *Tono*
- ☐ *Movimiento externo*
- ☐ *Emoción*
- ☐ *Volumen*
- ☐ *Posición del cuerpo*
- ☐ *Sonido*
- ☐ *Peso*
- ☐ *Movimiento personal*

1. Recuerda un incidente placentero que sucedió después.
2. Recuerda qué estabas haciendo a esta hora el año pasado.
3. Recuerda un momento que estabas realmente disfrutando.
4. Recuerda lo que estabas haciendo a esta hora el mes pasado.
5. Recuerda lo que estabas haciendo ayer.
6. Recuerda algo agradable que sucedió hoy.

Recuerda todas estas cosas, consecutivamente, una vez más.

Si no hay dolor físico, pero había tristeza, recuerda lo siguiente:

- ☐ *Vista*
- ☐ *Olfato*
- ☐ *Tacto*
- ☐ *Color*
- ☐ *Tono*
- ☐ *Movimiento externo*
- ☐ *Emoción*
- ☐ *Volumen*
- ☐ *Posición del cuerpo*
- ☐ *Sonido*
- ☐ *Peso*
- ☐ *Movimiento personal*

1. La siguiente ocasión después de esto en que adquiriste algo que te gustaba.
2. Recuerda algo que tienes ahora y que disfrutas.
3. Recuerda algo que querías desde hace mucho tiempo y que finalmente obtuviste.
4. Recuerda la ocasión en que alguien fue muy amable contigo.
5. Recuerda el último dinero que obtuviste.
6. Recuerda estar cenando anoche.
7. Recuerda estar comiendo hoy.

Recuerda todos estos incidentes otra vez con todos los percépticos disponibles.

Si te encuentras constantemente con incidentes de dolor físico y aflicción en tu procesamiento, y no pareces ser capaz de hacer algo al respecto, ponte en contacto con tu auditor de Dianética local y concierta una visita profesional para que pueda llevarte al punto en que las listas sean benéficas.

Si únicamente estás incómodo sin mucho pesar o dolor físico, queriendo simplemente evitar el recuerdo, usa la siguiente lista:

- ☐ *Vista*
- ☐ *Olfato*
- ☐ *Tacto*
- ☐ *Color*
- ☐ *Tono*
- ☐ *Movimiento externo*
- ☐ *Emoción*
- ☐ *Volumen*
- ☐ *Posición del cuerpo*
- ☐ *Sonido*
- ☐ *Peso*
- ☐ *Movimiento personal*

1. Recuerda el incidente otra vez en su totalidad desde el principio hasta el final.
2. Recuerda el incidente una vez más.
3. Recuerda un incidente semejante anterior.
4. Recuerda un incidente semejante, más anterior.
5. Recuerda el incidente semejante más anterior que puedas obtener.
6. Recuerda todos estos incidentes, uno después del otro, en su totalidad.
7. Recuerda todos los incidentes otra vez, uno después del otro desde el más anterior hasta el más reciente.
8. Recuerda todos los incidentes otra vez.
9. Repasa la cadena de incidentes similares y encuentra incidentes posteriores hasta tiempo presente.

10. Recuerda un incidente placentero que haya sucedido en los últimos días. Obtén todos los percépticos posibles de él.

11. Recuerda lo que estabas haciendo hace una hora.

Esto generalmente estabiliza cualquiera de las condiciones anteriores.

- ☐ *Vista*
- ☐ *Olfato*
- ☐ *Tacto*
- ☐ *Color*
- ☐ *Tono*
- ☐ *Movimiento externo*
- ☐ *Emoción*
- ☐ *Volumen*
- ☐ *Posición del cuerpo*
- ☐ *Sonido*
- ☐ *Peso*
- ☐ *Movimiento personal*

1. Recuerda una ocasión que realmente te parezca real.

2. Recuerda una ocasión en la que sentiste verdadera afinidad por alguien.

3. Recuerda una ocasión en la que alguien estaba en buena comunicación contigo.

4. Recuerda una ocasión en la que sentiste profunda afinidad por otra persona.

5. Recuerda una ocasión en la que sabías que realmente te estabas comunicando con alguien.

6. Recuerda una ocasión en la que varias personas estuvieron completamente de acuerdo contigo.

- ☐ *Vista*
- ☐ *Olfato*
- ☐ *Tacto*
- ☐ *Color*
- ☐ *Tono*
- ☐ *Movimiento externo*
- ☐ *Emoción*
- ☐ *Volumen*
- ☐ *Posición del cuerpo*
- ☐ *Sonido*
- ☐ *Peso*
- ☐ *Movimiento personal*

7. Recuerda una ocasión en la que estabas de acuerdo con otra persona.

8. Recuerda una ocasión dentro de los dos últimos días en la que te sentiste afectuoso.

9. Recuerda una ocasión en los últimos dos días en que alguien sintió afecto por ti.

10. Recuerda una ocasión en los últimos dos días en la que estabas en buena comunicación con alguien.

11. Recuerda una ocasión en los últimos dos días que realmente te parezca real.

12. Recuerda una ocasión en los últimos dos días en la que estabas en buena comunicación con la gente.

Recuerda varios incidentes de cada tipo.

Según la práctica de la medicina, y tras experimentación, se ha encontrado que la vitamina B_1 es necesaria en grandes cantidades durante el procesamiento. Se ha encontrado que una dieta rica en proteínas y de 100 a 200 mmg de vitamina B_1 ayudan realmente al procesamiento. Se ha encontrado que no tomar B_1 y no seguir una dieta con mucha proteína da como resultado pesadillas y nerviosismo cuando uno se está sometiendo a procesamiento. Observad que esto es un hallazgo médico que tiene ya muchos años y no es original de Dianética.

Lista de final de sesión

Cada vez que te des una sesión de procesamiento debes concluir con la siguiente rutina sin usar el disco:

1. Repasa rápidamente la sesión que acaba de terminar.

2. Repasa de nuevo lo que has estado haciendo, prestando especial atención a la forma en que has estado sentado.

3. Repasa el lapso de la sesión anotando solamente qué has estado haciendo con las manos y las cosas del mundo exterior que has escuchado durante esta sesión.

4. Fija tu atención en un objeto agradable que esté ahora cerca de ti.

Repite esto hasta que te sientas a gusto en tus alrededores inmediatos.

Sobre el autor

Millones de personas aclaman a L. Ronald Hubbard como el principal escritor de obras de automejoramiento hoy día en el mundo. Sólo de sus obras que no son de ficción, se han vendido millones de ejemplares. Una razón importante es que sus escritos expresan un conocimiento directo de los fundamentos de la vida y la capacidad, un conocimiento adquirido, no desde la barrera de la vida, sino viviendo ésta al máximo.

"Para conocer realmente la vida, tienes que ser parte de la vida", decía L. Ronald Hubbard. "Debes bajar y mirar; debes entrar en los rincones y rendijas de la existencia; tienes que convivir con toda clase de hombres, antes de que puedas determinar finalmente lo que es el hombre".

El hizo exactamente eso. De los espacios abiertos de su estado natal, Montana, a las colinas de China; de la gélida costa de Alaska a las junglas de las islas del Pacífico Sur; trabajando con hombres en expediciones o enseñando a inexpertas tripulaciones de marinos a sobrevivir a los estragos de una guerra mundial, el Sr. Hubbard aprendió realmente acerca del hombre y de la vida.

Dotado de un agudo intelecto, una energía y curiosidad ilimitadas, y con una forma de enfocar la filosofía y la ciencia que enfatizaba la viabilidad y practicabilidad por encima de todo, se embarcó en el estudio de la vida y sus misterios cuando todavía era adolescente.

Viajando mucho por todo el continente asiático y el Pacífico, conoció de primera mano las filosofías del lejano oriente. En un viaje desde Seattle a Washington (distrito de Columbia), hizo amistad con un estudiante de Sigmund Freud, el cual, posteriormente, le enseñó el escaso conocimiento que existía en la escuela occidental de la curación mental.

Más tarde, cuando en los Estados Unidos asistió a la universidad, comprendió que el hombre no tenía un conocimiento práctico de la mente: ningún sistema para incrementar la capacidad de la persona para superar las barreras mentales que hay en su vida. Observó que las civilizaciones occidentales avanzaban en las ciencias físicas sin el correspondiente avance en las humanidades. La comprensión del hombre de sí mismo, y su conocimiento de la mente, no habían superado el nivel de "conocimiento" que poseía el curandero de las selvas del norte de Borneo.

El Sr. Hubbard comenzó a investigar este importante vacío que había en el conocimiento del hombre sobre los principios subyacentes de la vida, financiando su investigación con sus obras de ficción.

Llegó a convertirse en uno de los escritores más prolíficos y mejor conocidos en el apogeo de las novelas de aventuras y de ciencia ficción de los años 30 y 40, actividad interrumpida únicamente por su servicio en la marina americana durante la Segunda Guerra Mundial.

Parcialmente incapacitado al final de la guerra, continuó su investigación, haciendo descubrimientos y desarrollando técnicas que le capacitaron a él y a otros para recobrar su salud y lograr mayor felicidad y capacidad. Fue en esta investigación donde se codificaron los principios básicos de las técnicas de Dianética.

En 1948 escribió *Dianética: la tesis original*. Este manuscrito compendiaba el terreno no explorado previamente de la mente del hombre. Aquí había algo completamente nuevo: unas técnicas practicables de la mente que podían producir resultados donde otros creían que los resultados no eran posibles.

Su primera descripción de sus descubrimientos se copió y se pasó de mano en mano. Según circulaban ejemplares del manuscrito, comenzó a recibir un constante y creciente aluvión de cartas que le solicitaban más información y aplicaciones del nuevo tema. Pronto se dio cuenta de que dedicaba todo su tiempo a contestar cartas, y decidió escribir un amplio texto sobre el tema.

La publicación, en mayo de 1950, de *Dianética:* ***La ciencia moderna de la salud mental*** marcó el comienzo de una nueva era para el hombre. Era el primer libro en su género: un texto práctico de la mente que el hombre de la calle podía leer, aplicar y utilizar inmediatamente para experimentar un incremento de su consciencia, un alivio de las condiciones físicas indeseadas, y una nueva vida. Un público entusiasta comenzó a utilizar las asombrosas técnicas del procesamiento dianético en la vida diaria. Comenzaron a auditarse unos a otros con muchos resultados y éxitos. Estas eran realmente unas técnicas prácticas que cualquiera podía utilizar para obtener resultados, algo que, tristemente, estaba ausente en las anteriores prácticas de "curación mental".

Nada más publicarse este fenomenal best seller, se le solicitaron conferencias y más información sobre Dianética.

Se le pidió que ampliara el tema y contestara al desbordante aumento de preguntas. L. Ronald Hubbard se lanzó de nuevo a la investigación, y mantuvo a su público informado de los nuevos descubrimientos mediante una serie de conferencias y un torrente de boletines, revistas y libros que se publicaban.

Siempre atento a la mejora de la capacidad de la persona para ayudarse a sí misma o a los demás, L. Ronald Hubbard hizo muchos y frecuentes adelantos en sus descubrimientos originales. Uno de estos importantes descubrimientos es la presente obra. Utilizando un enfoque completamente nuevo a los libros de automejoramiento cualquiera puede experimentar ahora los beneficios de la tecnología de Dianética sin ningún conocimiento técnico previo, simplemente aplicando los sencillos procedimientos de este libro.

El propósito de toda la vida de L. Ronald Hubbard fue completar su investigación sobre la naturaleza del hombre y su relación con la vida, una meta que alcanzó plenamente. Sin embargo, consideró que no era suficiente que sólo él se beneficiara de los resultados de su investigación. Tuvo gran cuidado de registrar cada detalle de sus descubrimientos en forma asimilable y aplicable, de modo que otros pudieran compartir la abundancia de conocimiento que sólo él había desvelado.

"Me gusta ayudar a otros", ha dicho L. Ronald Hubbard, "y mi mayor placer en la vida es ver a una persona liberarse de las sombras que oscurecen sus días.

Estas sombras le parecen tan densas, y le pesan tanto, que cuando encuentra que son sombras, y que puede ver y caminar a través de ellas y estar de nuevo al sol, se siente enormemente dichosa. Y me temo que yo me siento tan dichoso como ella".

Durante los treinta y seis años siguientes, se dedicó a ayudar a otros y a desarrollar técnicas para asegurar que la ruta hacia un nivel superior de comprensión pudiera ser recorrida por todos. Pidió que estuvieran disponibles las técnicas que él desarrolló. Miles de sus conferencias grabadas y escritos, delineando estas inapreciables técnicas y sus aplicaciones a individuos y organizaciones, llenan estanterías de bibliotecas en todos los continentes. El creó y dio a conocer el conocimiento y las técnicas necesarias para cambiar la faz de la civilización en la tierra.

"Una civilización sin crimen, guerra o demencia, donde el capaz pueda prosperar y los seres honestos puedan tener derechos, y donde el hombre sea libre para alcanzar mayores alturas", es como L. Ronald Hubbard describió su sueño de la sociedad.

Las técnicas que L. Ronald Hubbard ha proporcionado con su investigación hacen que este sueño sea alcanzable. Aplicar la técnica es todo lo que se necesita hacer para lograrlo.

Con su investigación plenamente completada, L. Ronald Hubbard dejó su cuerpo el 24 de enero de 1986. Su partida física no fue, ni mucho menos, el final de su trabajo; por el contrario, marca el comienzo de una expansión nueva y sin precedente de los logros de su vida mediante los esfuerzos de millones de amigos que están impulsando su sueño.

"Siempre me hace feliz saber de mis lectores".

L. Ronald Hubbard

Estas eran las palabras de L. Ronald Hubbard, quien siempre tuvo gran interés en saber de sus amigos, lectores y seguidores. Durante los cincuenta años de su carrera como escritor profesional, él dio importancia a estar en comunicacion con todo aquél con quien contactara: y tenía miles de seguidores y amigos por todo el mundo con los que mantenía correspondencia.

Los editores de las obras literarias de L. Ronald Hubbard desean perpetuar esta tradición, y reciben con satisfacción tus cartas y comentarios y los de todos sus lectores, tanto antiguos como nuevos.

Cualquier mensaje dirigido al Director de Asuntos del Autor en Bridge Publications, Inc., recibirá atención rápida y completa.

Bridge Publications, Inc.
4751 Fountain Avenue
Los Angeles, California 90029
info@bridgepub.com
www.bridgepub.com

Era Dinámica Editores, S.A. De C.V.
Tonalá #210
Colonia Roma Sur
Delegación Cuahutemoc
México, D.F. C.P. 06760
Telefono: 10-54-58-69
10-54-58-68

Glosario

Las palabras de este glosario tienen una abreviatura al final de la definición que indica el diccionario del que procede esa definición concreta. Estas abreviaturas son las siguientes:

VOX: – Diccionario general ilustrado VOX.
DREA: – Diccionario de la lengua española, Real Academia Española
GDLE: – Gran diccionario de la lengua española, diccionario de uso, S.C.E.L.
Ed.: – Esta abreviatura indica que la definición ha sido sacada de diversas fuentes por el editor.

Cuando aparece la abreviatura de más de un diccionario, significa que la primera corresponde a la primera definición y la siguiente a la segunda.

Las palabras de Dianética con notas al pie de página tienen definiciones desarrolladas por el autor en sus investigaciones. No van seguidas de ninguna abreviatura.

Los números que aparecen en paréntesis a continuación de las palabras del glosario indican el número de la página en que éstas aparecen por vez primera en el texto.

aberración: (5) apartarse del pensamiento o conducta racional.

abrir un caso: (59) al comenzar un caso podemos decir que estamos tratando de liberar tantas unidades de atención como sea posible, tan rápido como sea posible. (Unidades de atención: cantidad consciente de energía theta que existe en la mente y que varía de persona a persona.)

analítico: (58) capaz de resolver problemas o situaciones. La palabra analítico viene del griego "analysis" que significa descomponer, deshacer, desatar; en otras palabras separar algo pieza por pieza para ver de qué está hecho. Esta palabra es un ejemplo de las limitaciones del lenguaje usual, ya que ningún diccionario relaciona la palabra "analítico" con el pensamiento, la razón, la percepción, lo que es, en esencia, su significado real.

animar: (15) dar vida. – *Ed.*

artritis: (2) inflamación de las articulaciones. – *D.R.E.A.*

auditor: (1) la persona que administra los procedimientos de Dianética. Auditar significa "escuchar" y también "calcular".

autodeterminación: (12) capacidad de autodirigirse. – *Ed.*
autoritario: (41) se dice de las personas o instituciones que gobiernan con despotismo. – *GDLE*
axiomas: (61) enunciados de leyes naturales del tipo de los de las ciencias físicas.
banda temporal: (75) consiste en todos los momentos consecutivos del "ahora" desde el momento más antiguo de la vida de un organismo hasta el tiempo presente.
básico: (60) la primera experiencia registrada como imagen mental de ese tipo de dolor, sensación, incomodidad, etc. El básico es simplemente el más antiguo.
biólogo: (16) el que se dedica a la biología. (Biología: ciencia que estudia la estructura y desarrollo de los seres vivos.) – *VOX*
cadena: (217) incidentes de naturaleza similar puestos a lo largo del tiempo. Una serie de incidentes de naturaleza o tema similar.
candado: (59) una imagen mental de un incidente en el que a sabiendas o no se nos recordó una secundaria o un engrama. No contiene inconsciencia. Puede contener una sensación de dolor, enfermedad, etc., pero no es en sí la fuente de ella.
carga: (61) energía almacenada o energía potencial almacenada que puede ser recreada.
catalítico: (105) relativo a la catálisis. (Catálisis: aceleración de una reacción química producida por la presencia de una substancia que permanece aparentemente intacta.) – *VOX*
clear: (45) una persona no aberrada. Es racional porque logra las mejores soluciones posibles basándose en los datos que tiene y desde su propio punto de vista. Logra el máximo placer para el organismo en el presente y en el futuro y también para los individuos de las otras dinámicas.
clearing: (60) el clearing no es más que recuperar la consciencia de que uno es uno mismo y recuperar la confianza.
coauditación: (32) abreviación de auditación cooperativa. Significa un equipo de dos personas que se ayudan mutuamente a alcanzar una vida mejor.
comunista: (40) partidario del comunismo. (Comunismo: sistema de organización social en el que se establece la abolición de la propiedad privada y la comunidad de bienes.) – *VOX*
dama de la guadaña: (14) la muerte, especialmente cuando se le personifica como una mujer o un esqueleto con una guadaña. – *Ed.*
dermatitis: (24) inflamación de la piel. – *D.R.E.A.*
devaluar: (43) quitar valor (a una moneda u otra cosa). – *VOX*
diabetes: (106) enfermedad causada por un desorden de nutrición, y que se caracteriza por eliminación excesiva de orina, que frecuentemente contiene azúcar. – *D.R.E.A.*

Dianética: (IX) proviene de las palabras griegas *dia*, que significa "a través" y *nous*, que significa "alma". Dianética es una metodología desarrollada por L. Ronald Hubbard, que puede ayudar a aliviar males tales como sensaciones y emociones no deseadas, miedos irracionales y enfermedades psicosomáticas. Se describe con más exactitud como *lo que el alma hace al cuerpo a través de la mente.*

dinámicas: (44) en Dianética, la supervivencia se entiende como el único impulso básico de la vida a través del tiempo y del espacio, de la energía y la materia. La supervivencia se divide en ocho dinámicas. El hombre no sólo sobrevive para sí mismo, ni sólo para el sexo, ni sólo para los grupos, ni sólo para la especie humana. Evidentemente, el hombre sobrevive, al igual que otros organismos vivientes, por ocho cauces distintos; estos cauces se llaman dinámicas.

dinámico: (7) que se relaciona con la energía o con la fuerza física en movimiento. – *Ed.*

electrón: (15) componente del átomo que lleva carga eléctrica negativa. – *VOX*

emoción: (29) se podría llamar la manifestación de energía de la afinidad. En su uso en Dianética, se le podría describir como el indicador del estado de ser. En lenguaje común, "emocional" con frecuencia se considera sinónimo de "irracional". Esto parece implicar que si uno es emocional no puede ser racional. Lo cual es una suposición bastante irracional.

endocrino: (38) perteneciente o relativo a las hormonas o a las secreciones internas. – *D.R.E.A.*

enfermedades psicosomáticas: (2) enfermedades que tienen origen mental y que sin embargo son orgánicas.

engrama: (4) imagen mental que es un registro de un momento de dolor físico e inconsciencia. Por definición debe tener impacto o lesión como parte de su contenido.

entheta: (43) significa theta (pensamiento o vida) turbada. Se refiere especialmente a las comunicaciones que, basadas en mentiras y confusiones, resultan ser denigrantes, cortantes o destructivas e intentan agobiar o suprimir a una persona o grupo.

esbirro: (9) alguacil. El que tiene por oficio prender a las personas o ejecutar personalmente órdenes de las autoridades.

esotérico: (9) se dice de lo que no es conocido más que por unos pocos. – *GDLE*

ESP: (62) percepción extrasensorial (*e*xtra*s*ensory *p*erception): percepción o comunicación fuera de la actividad sensorial normal, como en la telepatía y en la clarividencia. – *Ed.*

estado colectivista: (9) estado organizado de acuerdo a los principios del colectivismo. (Colectivismo: principio político que apoya el control centralizado en lo social y lo económico, especialmente de todos los medios de producción.) – *Ed.*

estallido: (3) acción y efecto de estallar. (Estallar: sentir y manifestar violentamente una pasión del ánimo.) – *VOX*

ética: (32) las acciones que el individuo realiza por sí mismo para lograr la supervivencia óptima para sí y para los demás. La conducta ética implica adherirse a los códigos morales de la sociedad en que vivimos.

fascista: (19) persona que cree en el fascismo o lo practica. (Fascismo: un sistema de gobierno que se caracteriza por la dictadura rígida de un sólo partido, fuerte supresión de la oposición, la empresa privada está bajo el control centralizado del gobierno, nacionalismo beligerante, racismo, militarismo, etc.) – *Ed.*

física: (16) el estudio científico de las propiedades e interacciones de la materia y la energía. – *Ed.*

física atómica: (5) (también llamada física nuclear) la rama de la física que trata sobre el comportamiento, estructura y componentes del núcleo atómico. (Núcleo: la masa con carga positiva que se encuentra en el interior del átomo, que se compone de neutrones y protones, y que posee la mayor parte de la masa, pero ocupa sólo una pequeña fracción del volumen del átomo.) – *Ed.*

fisiológico: (29) perteneciente o relativo a la fisiología. (Fisiología: Los procesos o funciones orgánicas de un organismo o cualquiera de sus partes.) – *GDLE. Ed.*

glándula: (13) cualquiera de los órganos que elaboran y segregan substancias indispensables al funcionamiento del organismo o que deben ser eliminadas. – *VOX*

habitual: (27) que se hace, padece o posee con continuación o por hábito. – *D.R.E.A.*

hipnosis: (40) sueño producido por el hipnotismo. – *D.R.E.A.*

hipotiroidismo: (106) estado patológico debido a la deficiencia de secreción de la glándula tiroides. – *GDLE*

hormona: (106) producto de la secrección de ciertos órganos del cuerpo de animales y plantas, que, transportado por la sangre o por los jugos del vegetal, excita, inhibe o regula la actividad de otros órganos o sistemas de órganos. – *D.R.E.A.*

hostilidad encubierta: (105) aquí está la persona que odia, pero tiene miedo de decir que odia, traiciona y aún espera ser perdonada.

ilusión: (12) cualquier idea o concepto de espacio, energía, objeto o tiempo que uno mismo crea.

implante: (138) un medio doloroso y violento de agobiar a un ser con un propósito artificial o conceptos falsos en un intento malicioso de controlarlo y suprimirlo.

impotencia: (39) calidad de impotente. (Impotente: incapaz de engendrar o concebir.) – *VOX*

incidente: (57) una experiencia, simple o compleja, relacionada por el mismo tema, lugar, percepción o personas, que tiene lugar en un período corto y finito de tiempo, como minutos, horas o días. También las imágenes mentales de dichas experiencias.

inconsciencia: (12) una condición en la que el organismo pierde la coordinación solamente de su proceso analítico y de la dirección del control motor. - *Ed.*

inmune: (38) se dice del organismo y de la persona que es refractario a una enfermedad. - *GDLE*

invalidar: (42) invalidación (refutar, degradar, desacreditar o negar algo que otra persona considera un hecho).

irracionalidad: (105) la incapacidad para obtener respuestas correctas de los datos que se tienen.

lago Tanganica: (138) un lago de Africa central entre Zaire y Tanzania. Es el segundo lago de agua dulce más grande de Africa, con una longitud de 450 millas. - *Ed.*

liberal: (40) se dice de la persona que es partidaria de las ideas que defienden la libertad individual en política, economía, etc, y de su actitud, pensamiento, etc. - *GDLE*

línea directa: (59) los ejercicios de memoria designados como "línea directa" se forjaron originalmente a partir de la fórmula de causa y efecto. Describimos esto como la acción de tender una línea desde tiempo presente hasta un incidente del pasado en forma directa sin ninguna desviación.

línea directa reiterativa: (65) línea directa a un incidente, una y otra vez hasta aliviar del incidente.

mente: (17) el puesto de mando para el funcionamiento ideado para resolver problemas y formular problemas relacionados con la supervivencia.

meta de la vida: (5) se puede considerar que la meta de la vida es la supervivencia infinita. Se puede demostrar que el hombre, como forma de vida, obedece en todas sus acciones y propósitos a la orden única: "¡Sobrevive!".

moral: (41) sencilla, total y únicamente, que se refiere o pertenece al juicio sobre la maldad o bondad de las acciones del hombre y su carácter; se refiere al bien y al mal. Su propósito es enseñar lo bueno o correcto en lo que se refiere al carácter y a la conducta.

neurológico: (38) relativo a la neurología. (Neurología: estudio del sistema nervioso y sus enfermedades.) - *VOX*

neurótico: (20) persona que es, ante todo, dañina para sí misma a causa de sus aberraciones, pero que no llega al punto del suicidio.

New Yorker: (31) revista literaria de Nueva York que contiene crítica literaria y teatral. - *Ed.*

ocluido: (62) memoria no disponible para ser recordada. Quien esté ocluido tendrá mala memoria y recuerdos deficientes del pasado.

óptica: (28) punto de vista, modo de considerar un asunto u otra cosa. - *D.R.E.A.*

páncreas: (106) glándula situada en la cavidad abdominal de los mamíferos, cuyo jugo se vierte en el intestino y contribuye a la digestión. También produce la insulina, cuya carencia origina la diabetes. - *GDLE*

percéptico: (63) cualquier mensaje de los sentidos, como vista, sonido, olfato, etc.

personalidad: (19) el individuo, la personalidad, es la unidad de consciencia de estar consciente; y esta unidad es el individuo.

placer: (17) la definición en Dianética de placer es que el organismo que tiende hacia la supervivencia logra el placer al llevar a cabo acciones de supervivencia y al buscar metas de supervivencia.

plutonio: (25) elemento radioactivo que no se encuentra en la naturaleza. Se emplea en armas y reactores nucleares. - *VOX*

preclear: (59) cualquier persona que ha comenzado el procesamiento de Dianética.

problema: (17) la definición de problema es intención contraintención o dos o más puntos de vista opuestos o conflictos respecto al mismo tema.

procesamiento: (3) el principio de hacer que el individuo contemple su existencia y mejore su capacidad de encarar lo que es y dónde está.

protón: (15) elemento del núcleo del átomo provisto de electricidad positiva. - *GDLE*

pseudo-: (41) (prefijo) supuesto, falso. - *VOX*

psicoterapia: (24) tratamiento de las enfermedades, especialmente de las enfermedades mentales, por medio de métodos psíquicos, como el psicoanálisis, la persuasión, la sugestión, etc. - *GDLE*

química: (16) ciencia que estudia la composición íntima de las substancias y sus transformaciones recíprocas. - *VOX*

razón: (11) facultad de discurrir. - *D.R.E.A.*

realidad: (43) es fundamentalmente acuerdo. Lo que concebimos que es real, es real.

recordar: (57) acordarse en tiempo presente de lo que sucedió en el pasado. No significa reexperimentar, revivir o volver a pasar por él. No significa regresar al momento en que sucedió. Sencillamente significa que estás en tiempo presente pensando o recordando, poniendo tu atención en algo que sucedió en el pasado, y lo haces en tiempo presente.

reestimular: (66) la reactivación de un recuerdo del pasado debido a circunstancias similares del presente que se parecen a circunstancias del pasado.

reumatismo: (24) nombre que se da en general a un conjunto de afecciones articulares o musculares caracterizadas por dolor. - *VOX*

Russell, Charles M.: (2) (1864-1926) Artista, escritor y ganadero, famoso por sus pinturas e historias de la vida del ganadero norteamericano. - *Ed.*

sadismo: (39) situación patológica del instinto sexual que se caracteriza por la obtención de placer sexual infligiendo sufrimientos a los demás. - *GDLE*

secundaria: (59) una imagen mental de un momento de pérdida severa o impactante o de amenaza de pérdida que contiene una emoción desagradable como enojo, miedo, pesar, apatía o sensación de muerte.

sedante: (66) que seda. (Sedar: calmar, apaciguar, sosegar la excitación o un dolor físico o moral.) - *D.R.E.A., GDLE*

sedimentarias: (38) relacionado con materia que se va acumulando en algún lugar de un organismo. - *Ed.*

síntoma: (12) fenómeno revelador de una enfermedad. Indicio de una cosa que está sucediendo o va a suceder. - *D.R.E.A.*

sinusitis: (2) inflamación de los senos del cráneo. (Seno: cavidad existente en el espesor de un hueso o formada por la reunión de varios huesos.) - *D.R.E.A.*

sistema nervioso central: (100) el cerebro y la médula espinal. - *Ed.*

socialismo: (8) ideología que requiere que el gobierno o el estado posea o controle todos los medios de producción y de distribución. No hay empresa privada. - *Ed.*

somático: (58) sensación del cuerpo, enfermedad, dolor o incomodidad. Soma significa cuerpo. Por lo tanto, psicosomático se refiere a los dolores que provienen de la mente.

sublimar: (39) desviar la energía de (una emoción o impulso que brota de un instinto primario) a una actividad mas alta culturalmente hablando. - *Ed.*

subversivo: (8) capaz de subvertir o que tiende a ello. (Subvertir: transtornar, revolver, destruir.) - *D.R.E.A.*

sucumbir: (7) el punto que señala lo que se podría llamar la muerte de la consciencia del individuo.

sugestión positiva: (46) sugestión hecha por un operador a una persona hipnotizada con el único propósito de crear en ella un cambio en su condición mental con el sólo hecho de instilarle la sugestión. Es trasladar algo de la mente del hipnotizador a la mente del paciente. El paciente entonces lo creerá y lo considerará parte de sí mismo.

suprimir: (21) aplastar, dominar, hacer menor, no dejar que el otro alcance, hacerlo dudar de lo que ha alcanzado, minimizar por todos los medios posibles.

susceptible: (38) capaz de recibir modificación o impresión. - *D.R.E.A.*

tarjeta perforada IBM: (1) un tipo de tarjeta de cartulina en la que se puede registrar información mediante perforaciones y que puede leerla una computadora. - *Ed.*

tendón: (13) tejido fibroso y fuerte que une el músculo al hueso. - *GDLE*

tentativo: (42) que sirve para tantear o probar una cosa. - *D.R.E.A.*

"terapia" de electrochoque: (138) no hay ninguna razón terapéutica para dar electrochoques a nadie, y en los registros no hay casos auténticos de alguien al que se le haya curado de algo con electrochoques.

theta: (42) razón, serenidad, estabilidad, felicidad, emoción de alegría, persistencia y otros factores que el hombre normalmente considera deseables.

tiempo presente: (46) la tierra, el cielo, las paredes y la gente del entorno inmediato. En otras palabras, la anatomía del tiempo presente es la anatomía de la habitación o zona en que te encuentras en el momento.

tiroides: (106) glándula situada en la parte anterior y superior de la tráquea, cuyas hormonas influyen en el metabolismo y en el crecimiento. - *VOX*

tono: (2) potencialidad de supervivencia.

trance: (46) estado hipnótico. - *GDLE*

turbar: (40) alterar o interumpir la continuidad de una acción o estado. - *VOX*

úlcera: (106) lesión en la piel o en la mucosa de un órgano, que destruye poco a poco el tejido y suele ir acompañada de secreción de pus. - *GDLE*

unicelular: (15) que consta de una sóla célula. - *GDLE*

universo físico: (15) el universo de materia, energía, espacio y tiempo. El universo de los planetas, sus rocas, ríos y océanos, el universo de las estrellas y las galaxias; el universo de los soles incandescentes y el tiempo.

voluble: (40) inconstante. - *D.R.E.A.*

vudú: (25) forma de religión que se basa en la creencia en la brujería y en los ritos mágicos. La practican algunas personas de las Indias Occidentales y América. - *Ed.*

Aprende más sobre las técnicas de *Dianética* y cómo te pueden beneficiar

Las técnicas de DIANÉTICA, según se describen en este libro, son utilizadas en todo el mundo por miles de personas cada día para vencer sus problemas diarios y tener más éxito en la vida. Largos años de rigurosa aplicación y pruebas han demostrado que estos principios y técnicas son funcionales.

Hay centros en donde puedes aprender sobre las técnicas de *Dianética* en la mayoría de las principales ciudades del mundo.

Al final de este libro aparece una lista completa de direcciones. En cualquiera de ellas puedes escuchar a conferenciantes de *Dianética* entrenados, obtener respuesta a todas tus preguntas, encontrar a otras personas interesadas y experimentar por ti mismo el asesoramiento de *Dianética*.

Los servicios de *Dianética* disponibles en estos centros incluyen lo siguiente:

SESIÓN INTRODUCTORIA GRATUITA DE AUDITACIÓN DE *DIANÉTICA*.

Experimenta la auditación de *Dianética* tal y como está descrita en este libro, y descubre por ti mismo como puede ayudarte a superar las barreras y a llevar una vida más feliz y satisfactoria.

Test de Personalidad Gratis de *Dianética*

¿Qué tal te conoces a ti mismo? ¿Cuáles son tus puntos fuertes? Un test de personalidad gratuito puede ayudarte a descubrir más acerca de ti mismo y de tu vida, y a que te pongas en camino hacia el mejoramiento personal.

Conferencia de *Dianética*

Escucha a un conferenciante de *Dianética* experto y obtén respuesta a todas tus preguntas. Aprende más sobre los principios básicos de las técnicas de *Dianética* y cómo pueden aplicarse para ayudar a la gente a ganar confianza y control en la vida.

Seminario de *Dianética* Hubbard

En sólo un fin de semana (o en cinco tardes) puedes tener tu primera experiencia práctica con las técnicas de *Dianética*. El seminario de *Dianética* está destinado a darte una introducción a los principios y técnicas de *Dianética* de forma gradual, fácil y amena. Te supervisará personal entrenado.

Curso de Auditor de *Dianética*

Aprende a utilizar las técnicas de *Dianética* a nivel profesional, de modo que puedas ayudar a amigos, familiares y a cualquier persona a sentirse bien y feliz. Puedes convertirte en un profesional en el control de las causas básicas del dolor, los trastornos y el comportamiento irracional. Demostraciones y ejercicios abundantes, y la aplicación práctica facilitan la comprensión y aplicación de las técnicas de *Dianética*.

Cómo obtener más información sobre DIANETICA

Si deseas tener más información acerca de la tecnología DIANETICA, o quieres aprender cómo aplicarla a los demás, ponte en contacto con cualquiera de los centros que se dan a continuación:

España

Barcelona
Asociación Civil de Dianética
C/ Pau Claris 85, Principal dcha.
08010 Barcelona

Madrid
Asociación Civil de Dianética
C/ Montera 20, Piso 1° dcha.
28013 Madrid

Austria

Wien
Scientology-Kirche Österreich
Schottenfeldgasse 13/15
1070 Wien

Scientology-Kirche
Celebrity Centre Vienna
Senefeldergasse 11/5
1100 Wien

Bélgica

Bruxelles
Eglise de Scientologie
de Bruxelles
61, rue du Prince Royal
1050 Bruxelles

Dinamarca

Århus
Scientology Kirken Jylland
Vester Alle 26
8000 Aarhus C

Kopenhagen
Scientology Kirken København
Store Kongensgade 55
1264 Copenhagen K

Scientology Kirken Danmark
Gammel Kongevej 3–5, 1
1610 Copenhagen V

Advanced Organization
Saint Hill for Europe
Jernbanegade 6
1608 Copenhagen V

Francia

Angers
Eglise de Scientologie d'Angers
21, rue Paul Bert
49100 Angers

Clermont-Ferrand
Eglise de Scientologie
1, rue Ballainvilliers
63000 Clermont-Ferrand

Lyon
Eglise de Scientologie de Lyon
3, place des Capucins
69001 Lyon

París
Eglise de Scientologie de Paris
65, rue de Dunkerque
75009 Paris

Eglise de Scientologie
Celebrity Centre de Paris
69, rue Legendre
75017 Paris

Saint-Étienne
Eglise de Scientologie de
St. Étienne
24, rue Marengo
42000 Saint-Étienne

Alemania

Berlin
Scientology-Kirche Berlin e.V.
Sponholzstraße 51–52
12159 Berlin

Düsseldorf
Scientology-Kirche Düsseldorf
Friedrichstraße 28
40217 Düsseldorf

Scientology-Kirche
Celebrity Centre® Düsseldorf
Luisenstraße 23
40215 Düsseldorf

Frankfurt
Scientology-Kirche Frankfurt
Darmstädter Landstraße 213
60598 Frankfurt

Hamburg
Scientology-Kirche Hamburg
Steindamm 63
20099 Hamburg

Scientology-Kirche
Eppendorfer Landstraße 35
20249 Hamburg

Hannover
Scientology-Kirche Hannover
Hubertusstraße 2
30163 Hannover

München
Scientology-Kirche Bayern
Beichstraße 12
80802 München

Stuttgart
Scientology-Kirche Stuttgart
Urbanstraße 70
70182 Stuttgart

Israel

Tel Aviv
Dianetics and Scientology College
Kalman Magen Street 16
PO Box 20802
Tel Aviv 61200

Italia

Brescia
Chiesa di Scientology
Via Fratelli Bronzetti, 20
25125 Brescia

Catania
Chiesa di Scientology
Via Garibaldi, 9
95121 Catania

Milano
Chiesa di Scientology
Via Abetone, 10
20137 Milano

Monza
Chiesa di Scientology
Via Nuova Valassina, 354
20035 Lissone

Novara
Chiesa di Scientology
Via Passalacqua, 28
28100 Novara

Nuoro
Chiesa di Scientology
Via Lamarmora, 102
08100 Nuoro

Padova
Chiesa di Scientology
Via Mameli, 1/5
35131 Padova

Pordenone
Chiesa di Scientology
Via Montereale, 10/C
33170 Pordenone

Roma
Chiesa di Scientology
Via Sannio N. 64
Zona S. Giovanni-Roma
00183 Roma

Torino
Chiesa di Scientology
Via Bersezio, 7
10152 Torino

Verona
Chiesa di Scientology
Via Vicolo Chiodo, 4/A
37121 Verona

Países Bajos

Amsterdam
Scientology Kerk Amsterdam
Nieuwe Zijds Voorburgwal 271
1012 RL Amsterdam

Noruega

Oslo
Church of Scientology
Storgata 9
0155 Oslo 1

Portugal

Lisboa
Instituto de Dianética
Rua de Conde Redondo #19
1100 Lisboa

Rusia

Moscow
Hubbard Humanitarian Center
Prospect Budyonogo 31
105275 Moscow

Suecia

Göteborg
Scientology kyrkan Göteborg
Odinsgatan 8, 2 tr.
411 03 Göteborg

Malmö
Scientology kyrkan Malmö
Lantmannagatan 62 C
214 48 Malmö

Stockholm
Scientology kyrkan Stockholm
Götgatan 105
116 62 Stockholm

Suiza

Basel
Scientology-Kirche Basel
Herrengrabenweg 56
4054 Basel

Bern
Scientology-Kirche Bern
Muhlemattstr. 31
Post fach 384
3000 Bern 14

Genève
Eglise de Scientologie de Genève
Route de Saint-Julien 7–9
C.P. 823
1227 Carouge
Genève

Lausanne
Eglise de Scientologie
10, rue de la Madeleine
1003 Lausanne

Zürich
Scientology-Kirche
Badenerstrasse 141
8004 Zürich

América Latina

Puerto Rico

Church of Scientology
272 Ave. Jesús T. Piñero
Hyde Park, Hato Rey
Puerto Rico 00918

Colombia

Bogotá

Centro Cultural Dianética
Carrera 30 91-96
Bogotá, Colombia

México

Organización Cultural Dianética de Guadalajara, A.C.
Ave. de la Paz 2787
Fracc. Arcos Sur
Sector Juárez
Guadalajara, Jalisco
C.P. 44500, México

Asociación Cultural de Dianética, A.C.
Belisario Domínguez #17-1
Villa Coyoacán, Colonia Coyoacán
C.P. 04000, México, D. F.

Asociación Cultural de Dianética, A.C.
San Luis Potosí #196, 3er Piso
Esq. Medellín, Colonia Roma
C.P. 06700, México, D.F.

Instituto de Filosofía Aplicada, A.C.
Municipio Libre No. 40
Esq. Miraflores, Colonia Portales
México, D.F.

Instituto Tecnológico de Dianética, A.C.
Ave. Chapultepec 540, 6 Piso
Colonia Roma, Metro Chapultepec
C.P. 06700, México, D.F.

Organización Desarrollo y Dianética, A.C.
Cuahutemoc #576
Colonia Narvarte
México, D.F. C.P. 03020

Organización Cultural Dianética, A.C.
Rio Amazonas 11
Colonia Cuahutemoc
C.P. 06500, México, D.F.

Venezuela

Organización Cultural Dianética, A.C.
Calle Caciquiare
Entre Yumare y Atures, Quinta Shangai
Urbanización El Marquez
Caracas, Venezuela

Organización Cultural Dianética, A.C.
Ave. Bolívar
Ubanización El Viñedo
Edificio "Mi Refugio" #141-45
A 30 metros de Ave. Monseñor Adams
Valencia, Venezuela

Argentina

Asociación de Dianética de Argentina
2162 Bartolomé Mitre
Capital Federal
Buenos Aires 1039, Argentina

Reino Unido

Birmingham
Church of Scientology
Albert House, 3rd Floor
24 Albert Street
Birmingham
England B4 7UD

Brighton
Church of Scientology
5 St. Georges Place
London Road
Brighton, Sussex
England BN1 4GA

East Grinstead
Church of Scientology
Saint Hill Foundation
Saint Hill Manor
East Grinstead, West Sussex
England RH19 4JY

Advanced Organization Saint Hill
Saint Hill Manor
East Grinstead, West Sussex
England RH19 4JY

Edinburgh
Hubbard Academy of Personal Independence
20 Southbridge
Edinburgh, Scotland
EH1 1LL

London
Church of Scientology
68 Tottenham Court Road
London, England W1P 0BB

Manchester
Church of Scientology
258 Deansgate
Manchester, England
M3 4BG

Plymouth
Church of Scientology
41 Ebrington Street
Plymouth, Devon
England PL4 9AA

Sunderland
Church of Scientology
51 Fawcett Street
Sunderland, Tyne and Wear
England SR1 1RS

Estados Unidos

Albuquerque
Church of Scientology
8106 Menaul Blvd. N.E.
Albuquerque, New Mexico 87110

Ann Arbor
Church of Scientology
2355 West Stadium Blvd.
Ann Arbor, Michigan 48103

Atlanta
Church of Scientology
1132 West Peachtree Street
Atlanta, Georgia 30324

Austin
Church of Scientology
2200 Guadalupe
Austin, Texas 78705

Boston
Church of Scientology
448 Beacon Street
Boston, Massachusetts 02115

Buffalo
Church of Scientology
836 N. Main Street
Buffalo, New York 14202

Chicago
Church of Scientology
3011 North Lincoln Avenue
Chicago, Illinois 60657

Cincinnati
Church of Scientology
215 West 4th Street, 5th Floor
Cincinnati, Ohio 45202

Clearwater
Church of Scientology
Flag® Service Organization
210 South Fort Harrison Avenue
Clearwater, Florida 34616

Church of Scientology
Flag Ship Service Organization
c/o *Freewinds*® Relay Office
118 N. Fort Harrison Avenue
Clearwater, Florida 34615

Columbus
Church of Scientology
30 North High Street
Columbus, Ohio 43215

Dallas
Church of Scientology
Celebrity Centre Dallas
10500 Steppington Drive,
Suite 100
Dallas, Texas 75230

Denver
Church of Scientology
375 South Navajo Street
Denver, Colorado 80223

Detroit
Church of Scientology
321 Williams Street
Royal Oak, Michigan 48067

Honolulu
Church of Scientology
1148 Bethel Street
Honolulu, Hawaii 96813

Kansas City
Church of Scientology
3619 Broadway
Kansas City, Missouri 64111

Las Vegas
Church of Scientology
846 East Sahara Avenue
Las Vegas, Nevada 89104

Church of Scientology
Celebrity Centre Las Vegas
1100 South 10th Street
Las Vegas, Nevada 89104

Long Island
Church of Scientology
99 Railroad Station Plaza
Hicksville, New York 11801

Los Angeles y alrededores
Church of Scientology
4810 Sunset Boulevard
Los Angeles, California 90027

Church of Scientology
1451 Irvine Boulevard
Tustin, California 92680

Church of Scientology
263 East Colorado Boulevard
Pasadena, California 91101

Church of Scientology
3619 West Magnolia Boulevard
Burbank, California 91506

Church of Scientology
American Saint Hill Organization
1413 North Berendo Street
Los Angeles, California 90027

Church of Scientology
American Saint Hill Foundation
1413 North Berendo Street
Los Angeles, California 90027

Church of Scientology
Advanced Organization of
Los Angeles
1306 North Berendo Street
Los Angeles, California 90027

Church of Scientology
Celebrity Centre International
5930 Franklin Avenue
Hollywood, California 90028

Los Gatos
Church of Scientology
475 Alberto Way, Suite 110
Los Gatos, California 95032

Miami
Church of Scientology
120 Giralda Avenue
Coral Gables, Florida 33134

Minneapolis
Church of Scientology
Twin Cities
1011 Nicollet Mall
Minneapolis, Minnesota 55403

Mountain View
Church of Scientology
2483 Old Middlefield Way
Mountain View, California 96043

Nashville
Church of Scientology
Celebrity Centre Nashville
151 Athens Way
Nashville, Tennessee 37228

New Haven
Church of Scientology
909 Whalley Avenue
New Haven, Connecticut 06515

New York City
Church of Scientology
227 West 46th Street
New York City, New York 10036

Church of Scientology
Celebrity Centre New York
65 East 82nd Street
New York City, New York 10028

Orlando
Church of Scientology
1830 East Colonial Drive
Orlando, Florida 32803

Philadelphia
Church of Scientology
1315 Race Street
Philadelphia, Pennsylvania 19107

Phoenix
Church of Scientology
2111 W. University Dr.
Mesa, Arizona 85201

Portland
Church of Scientology
323 S.W. Washington
Portland, Oregon 97204

Church of Scientology
Celebrity Centre Portland
709 Southwest Salmon Street
Portland, Oregon 97205

Sacramento
Church of Scientology
825 15th Street
Sacramento, California 95814

Salt Lake City
Church of Scientology
1931 S. 1100 East
Salt Lake City, Utah 84106

San Diego
Church of Scientology
1048 7th Avenue
San Diego, California 92101

San Francisco
Church of Scientology
701 Montgomery Street
San Francisco, California 94111

San Jose
Church of Scientology
80 E. Rosemary
San Jose, California 95112

Santa Barbara
Church of Scientology
524 State Street
Santa Barbara
California 93101

Seattle
Church of Scientology
2226 3rd Avenue
Seattle, Washington 98121

St. Louis
Church of Scientology
9510 Page Boulevard
St. Louis, Missouri 63132

Tampa
Church of Scientology
3102 N. Havana Avenue
Tampa, Florida 33607

Washington, DC
Founding Church of Scientology
of Washington, DC
2125 "S" Street N.W.
Washington, DC 20008

Africa

Bulawayo
Church of Scientology
Southampton House,
Suite 202
Main Street and 9th Ave.
Bulawayo, Zimbabwe

Cape Town
Church of Scientology
St. Georges Centre, 2nd Floor
13 Hout Street
Cape Town 8001
Republic of South Africa

Durban
Church of Scientology
57 College Lane
Durban 4001
Republic of South Africa

Harare
Church of Scientology
PO Box 3524
87 Livingston Road
Harare, Zimbabwe

Johannesburg
Church of Scientology
6th Floor, Budget House
130 Main Street
Johannesburg 2001
Republic of South Africa

Church of Scientology
1st Floor Bordeaux Centre
Gordon and Jan Smuts Ave.
Blairgowrie, Randburg 2125
Republic of South Africa

Port Elizabeth
Church of Scientology
2 St. Christopher Place
27 Westbourne Road Central
Port Elizabeth 6001
Republic of South Africa

Pretoria
Church of Scientology
306 Ancore Building
Jeppe and Esselen Streets
Pretoria 0002
Republic of South Africa

Australia, Nueva Zelanda y Oceanía

Australia

Adelaide
Church of Scientology
24–28 Waymouth Street
Adelaide
South Australia 5000

Brisbane
Church of Scientology
106 Edward Street
Brisbane, Queensland 4000

Canberra
Church of Scientology
108 Bunda Street, Suite 16
Civic Canberra, A.C.T. 2601

Melbourne
Church of Scientology
42–44 Russell Street
Melbourne, Victoria 3000

Perth
Church of Scientology
39–41 King Street
Perth, Western Australia 6000

Sydney
Church of Scientology
201 Castlereagh Street
Sydney, New South Wales 2000

Church of Scientology
Advanced Organization Saint Hill
Australia, New Zealand and Oceania
19–37 Greek Street
Glebe, New South Wales 2037

Japón

Tokio
Scientology Tokyo
1-23-1 Higashi Gotanda
Shinagawa-ku
Tokyo, Japan 141

Nueva Zelanda

Auckland
Church of Scientology
159 Queen Street
Auckland 1

Canadá

Edmonton
Church of Scientology
10187 112th St.
Edmonton, Alberta
Canada T5K 1M1

Kitchener
Church of Scientology
104 King St. West
Kitchener, Ontario
Canada N2G 2K6

Montréal
Eglise de Scientologie
4489 Papineau Street
Montréal, Québec
Canada H2H 1T7

Ottawa
Church of Scientology
150 Rideau Street, 2nd Floor
Ottawa, Ontario
Canada K1N 5X6

Québec
Eglise de Scientologie
350 Bd Chareste Est
Québec, Québec
Canada G1K 3H5

Toronto
Church of Scientology
696 Yonge Street, 2nd Floor
Toronto, Ontario
Canada M4Y 2A7

Vancouver
Church of Scientology
401 West Hasting Street
Vancouver, British Columbia
Canada V6B 1L5

Winnipeg
Church of Scientology
388 Donald Street, Suite 210
Winnipeg, Manitoba
Canada R3B 2J4

Para obtener cualesquier libros de L. Ronald Hubbard, que no se hallen disponibles en tu organización, ponte en contacto con cualquiera de las siguientes editoriales:

Bridge Publications, Inc.
4751 Fountain Avenue
Los Angeles, California 90029

Continental Publications
Liaison Office
696 Yonge Street
Toronto, Ontario
Canada M4Y 2A7

NEW ERA Publications
International ApS
Store Kongensgade 55
1264 Copenhagen K, Denmark

ERA DINÁMICA EDITORES,
S.A. de C.V.
Tonalá #210
Col. Roma Sur, Del. Cuahutemoc
México, D.F. C.P. 06760

NEW ERA Publications UK, Ltd.
Saint Hill Manor
East Grinstead, West Sussex
England RH19 4JY

NEW ERA Publications
Australia Pty Ltd.
Level 3 Ballarat House
68–72 Wentworth Ave., Surry Hills
New South Wales 2000, Australia

Continental Publications Pty Ltd.
6th Floor, Budget House
130 Main Street
Johannesburg 2001
Republic of South Africa

NEW ERA Publications Italia Srl
Via L.G. Columella, 12
20128 Milano, Italia

NEW ERA Publications
Deutschland GmbH
Bahnhofstraße 40
21629 Neu Wulmstorf, Germany

NEW ERA Publications
France E.U.R.L.
105, rue des Moines
75017 Paris, France

NUEVA ERA DINÁMICA, S.A.
C/Acacias 1
28005 Madrid, España

NEW ERA Publications Japan, Inc.
5-4-5-803 Nishi Gotanda
Shinagawa-ku, Tokyo, Japan 141

NEW ERA Publications Russia
c/o Hubbard Humanitarian Center
Prospect Budyonogo 31
105275 Moscow, Russia

Para obtener cualquier casete de L. Ronald Hubbard que no esté disponible en tu organización, dirígete a:

Golden Era Productions
6331 Hollywood Boulevard, Suite 1305
Los Angeles, California 90028-6313